HISTOIRE
ET DESCRIPTION PITTORESQUE
du

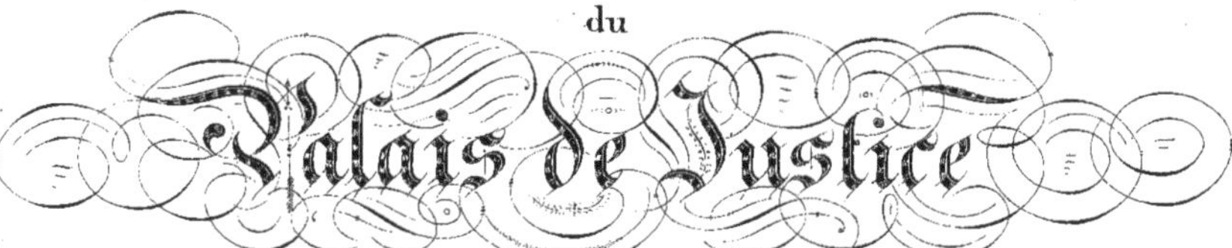

Palais de Justice

de la Conciergerie et de la Sainte Chapelle

DE PARIS

par

B. Sauvan et J. P. Schmit.

DÉDIÉ AU ROI.

Publié à Paris par G. ENGELMANN, Imprimeur Lithographe,

Rue Louis-le-Grand N° 27.

1825.

Imp. lith. de G. Engelmann.

NOTICE

SUR LA VILLE DE PARIS [1]

La Seine et l'Aurore descendent
Vers la Reine de nos Cités;
Leurs ondes, leurs rayons s'étendent
Entre des palais enchantés :
Un double Fleuve la partage;
Le Louvre y baigne son image
Peinte dans ce vaste miroir;
Plus loin le pavillon de Flore
Verra le Soleil qui le dore
Rougir les nuages du soir.

La nature avait marqué le lieu où cette capitale est bâtie pour devenir le siége d'une ville puissante : Paris est situé à 48°, 50', 10" de latitude au Nord, et à 20°, 11' de longitude à l'Est; le sol est élevé de 74 mètres au-dessus du niveau de la mer.

Au Nord, Paris est défendu des grands froids par des monticules formant

(1) Quoique le but de cet ouvrage ne soit que la description historique et pittoresque de trois monuments parmi les plus anciens et les plus importants de la ville de Paris, j'ai cru cependant devoir placer ici cette notice; je pense qu'elle sera lue avec intérêt.

IMPRIMERIE DE FIRMIN DIDOT, RUE JACOB, N° 24.

une chaîne non interrompue, qui s'étendent depuis le faubourg Saint-Antoine jusqu'au faubourg du Roule, et que l'on désigne sous le nom de collines de Bercy, de Charonne, de Ménil-Montant et de Montmartre, dont les derniers plans descendent en pente douce jusqu'à la plaine de Monceaux.

Le climat y est sain et tempéré; la chaleur y monte, mais rarement, à 24°; le terme moyen du froid est de 7°; vingt-huit routes y conduisent; on y entre par soixante barrières; le tour de la ville a environ sept lieues; on y compte trente-deux mille maisons et onze cent cinquante rues.

Le sol originel de Paris est un gypse marneux, auquel des couches de limon ont été ajoutées par les atterrissements successifs du fleuve : il recèle une grande quantité de coquillages marins et d'empreintes de poissons, qui attestent la présence de la mer dans les temps anciens. On trouve dans quelques parties des sables argilo-ferrugineux et des couches de grès marin. D'autres parties, au contraire, offrent des bancs de plâtre ou de marne, du sel pierreux, des bancs d'huîtres ou de grès quartzeux, de la craie argileuse et des cailloux roulés, enfin des ossements d'animaux dont plusieurs espèces ont disparu, et dont quelques autres n'appartiennent pas à notre continent. Une partie des pierres qui servent aux constructions de la ville est fournie par les carrières que l'on trouve sur la rive gauche de la Seine depuis Choisy-le-Roi jusqu'à Meudon.

La Seine, qui traverse Paris en deux parties presque égales, dans une direction de Sud-Est au Nord-Ouest, prend sa source dans une forêt à deux lieues de Saint-Seine, département de la Côte-d'Or : humble à sa naissance, elle a déja reçu plusieurs affluents, tels que l'Yonne, l'Yerre, la Marne, l'Ourcq et même la Bièvre avant de traverser la ville. Ce fleuve, très-poissonneux, fournit un moyen facile et peu dispendieux de transporter les approvisionnements de cette immense cité. Cet avantage, joint à la fertilité du pays qui l'entoure, contribue à maintenir à un prix peu élevé les objets nécessaires à la vie. La largeur du fleuve devant le Jardin du Roi est de cent quarante mètres, de trois cent huit mètres au Pont-Neuf, et de cent quarante-neuf mètres au bas de Paris devant Chaillot.

Les agréments que la ville de Paris retire de cette belle position ont été souvent célébrés par les poëtes : Santeuil avait composé sur ce sujet les vers suivants, gravés au bas du portrait de Louis XIV exécuté par Jean Goujon, et qui fut placé sur la façade de la pompe de Notre-Dame, destinée à distribuer de l'eau à plusieurs fontaines de la ville:

Sequana quum primum Reginæ allabitur urbi,
Tardat præcipites ambitiosus aquas.
Captus amore loci, cursum obliviscitur anceps
Quo fluat, et dulces nectit in urbe moras.
Hinc varios implens fluctu subeunte canales,
Fons fieri gaudet, qui modo flumen erat.

Charpentier avait traduit ces vers par ceux qui suivent, et dans lesquels on regrette de trouver une expression vicieuse.

Aussitôt que la Seine, en sa course tranquille,
Joint les superbes murs de la royale ville,
Pour ces lieux fortunés elle brûle d'amour;
Elle arrête ses flots, elle avance avec peine,
Et par mille canaux se transforme en fontaine
Pour ne sortir jamais d'un si charmant séjour.

Le sol actuel de Paris est plus élevé que le sol originel : cet exhaussement tend encore à devenir plus considérable. Par suite de la construction des nouveaux ponts du Jardin du Roi, des Arts, de Louis XVI, des Invalides et de l'École-Militaire, les quais du fleuve ont été entièrement terminés et considérablement exhaussés: les quartiers qui les entourent s'en sont ressentis. Les maisons anciennes qui les bordaient, et qui ont disparu en presque totalité, en offraient la preuve. Auprès du pont du Jardin du Roi on remarquait, il y a dix-huit ans, une maison qui fut démolie peu de temps après la construction du nouveau pont, et dont les fenêtres du premier étage se trouvaient de niveau avec le pavé du pont.

Après la construction du pont des Arts il a fallu relever la plus grande partie du quai du Louvre, le long de la grande galerie du palais de ce nom: cette opération a été également exécutée pour les quais de Billy, de la Conférence et d'Orsay. Ces exhaussements qui, depuis deux siècles, ont eu lieu aussi sur plusieurs points de la ville, où le pavé, par suite de constructions nouvelles, a été relevé, sont favorables à la salubrité, parce qu'ils facilitent l'écoulement des eaux.

Philippe-Auguste fit le premier paver quelques quartiers de la ville : une dépense aussi considérable avait effrayé ses prédécesseurs. L'odeur infecte qui s'exhalait des boues entassées, et la nécessité d'établir des communications plus faciles, le décidèrent : d'autres parties de la ville furent pavées du temps de la Ligue.

> Le Roy Philippes - Auguste, dict le côquerant, accreut grandemẽt son Royaume et enrichit de beaucoup sa ville de Paris. En l'an mil cent nonante il créa les Eschevins d'icelle ville, luy donnant les armoiries qu'elle porte aujourd'huy, c'est de gueulles à une nauire d'argent, le chef d'azur, semé de fleurs de lis d'or : donnant par ces signes à entendre, que Paris est la Dame de toutes les autres villes de France dont le Roy est le seul gouuerneur et patron, qu'elle est la nef d'abondance et affluence de tout biens, et tout ainsi que le nauire représente une République biẽ administrée, aussi les autres villes se reiglent selon le gouuernement et police d'icelle.
>
> Ce bon Prince voyant que la ville estoit si orde et boüeuse, mande les Préuost, Eschevins et Bourgeois, ausquels il donna charge moyennant certains deniers qu'il feit deliurer : que toutes les rues d'icelle fussent pauées de carreaux de grès, ce qui fut fait, et depuis y a esté tousiours continué.

C'est seulement sous le règne de ce Prince que Paris commença à offrir quelque régularité; il éleva la seconde clôture; il établit le cimetière des Innocents qu'il entoura de murailles, et fit élever les halles et travailler au Louvre.

Jusqu'en 1590, les maisons particulières, à l'exception de celles élevées sur le pont Notre-Dame, sous le règne de Louis XII, étaient construites en bois et en plâtre : les palais, les édifices publics, les hôtels des grands étaient seuls bâtis en pierre. Quelques années après on commença à élever cette foule d'hôtels et de maisons particulières, qui changèrent peu à peu la physionomie générale de la ville : plus tard, des réglements de voirie institués, ou remis en vigueur, ont fini par amener l'état actuel.

En 1625, Paris était déja une ville très-peuplée et fort étendue, mais irrégulière, mal bâtie, fangeuse dans plusieurs parties, en raison du défaut d'écoulement des eaux. Les améliorations et embellissements exécutés depuis ce temps paraissent surprenants lorsqu'on les considère de l'époque actuelle.

Il résulte, d'un mémoire adressé au procureur du Roi au Châtelet, que la population de Paris, vers le milieu du dix-septième siècle, était à-peu-près de cinq cent mille personnes. Il s'y consommait, dans une année, six cents muids de sel, huit cents barils de maquereaux, deux mille barils de saumon, deux mille barils de morue, vingt-trois mille barils de harengs, dix-neuf mille muids de charbon, vingt-sept mille porcs, cinquante mille bœufs, soixante-dix mille veaux, quatre cent-seize mille moutons, et quatre-vingt mille muids de blé.

En l'an 1500, l'écusson de la ville de Paris était accompagné des vers suivants: le style a vieilli, mais je les rapporte comme une preuve assez curieuse de l'importance que cette ville avait déja acquise il y a plus de quatre siècles:

Le chef d'azur de fleurs de lys semé
Monstre Paris estre ville royale;
La nef d'argent sur un champ enflammé
Note qu'elle est des autres Capitale;
Le Roy est chef, et elle est principale
Soubz tel patron pour faire et décider
Ce qu'il lui plaist, iustement commander.
Donc au moyen de si haulte puissance
Toutes luy font entière obéyssance,
Comme à leur dame entendant la pratique
De gouuerner, en ce pays de France,
La belle nef d'une grand' République.

On compte aujourd'hui à Paris sept cent treize mille neuf cents habitants: la population, je ne parle pas ici de la population étrangère, n'a pas éprouvé depuis trente-cinq ans l'accroissement auquel on devait s'attendre, puisque Paris depuis ce temps est devenu ville de commerce, et que des manufactures et des fabriques y ont été établies. La population fixe n'a éprouvé, dans les quatre années qui se sont écoulées depuis 1820, qu'une augmentation de dix mille individus.

Avant 1789, la population de Paris était plus forte, et cependant on n'y trouvait pas des ateliers aussi nombreux que de nos jours; les arts industriels occupaient moins de bras; mais alors une quantité considérable de propriétaires riches étaient fixés à Paris, ainsi que les nombreux domestiques qui les entouraient; ils y dépensaient les revenus de leurs biens situés dans les provinces, et maintenant un grand nombre d'entre eux vivent dans leurs terres : enfin la sécularisation des couvents a disséminé, sur les différents points du royaume, une population considérable qui était agglomérée dans la capitale.

Dans le courant de l'année 1823, on a consommé dans Paris soixante-seize mille bœufs, dix mille trois cent quatre-vingt-quatorze vaches, soixante-quatorze mille quatre-vingt-seize veaux, trois cent soixante-cinq mille quarante-huit moutons, quatre-vingt-neuf mille cinq cent soixante-deux porcs ou sangliers, et deux millions neuf mille kilogrammes de viandes abattues et préparées hors de Paris. La consommation en grains et farines est de quinze cents sacs par jour.

Il a été bu, dans la même année, neuf cent quinze mille neuf cent cinquante hectolitres de vin, cinquante-un mille quatre cents hectolitres d'eau-de-vie, onze mille cinq cents hectolitres de cidre, seize mille neuf cents hectolitres de vinaigre, et cent trente-un mille hectolitres de bière.

En faisant le relevé des objets consommés dans la ville de Paris, pendant une année, et en les estimant à un prix moyen, on obtient un capital qui, divisé par le nombre des habitants, fait connaître que la dépense moyenne de chacun d'eux s'élève annuellement à près de six cents francs. Cette somme paraîtra bien faible à ceux qui n'ont pas étudié l'économie politique; ce résultat prouve cependant que, de toutes les capitales de l'Europe, Paris est celle dans laquelle le peuple jouit de la plus grande aisance.

Les revenus de la ville s'élèvent à vingt-cinq millions produits par les droits d'octroi, de pesage et de mesurage publics, les droits de places dans les foires, halles et marchés, et les revenus de quelques propriétés qui lui appartiennent.

Les habitants de la ville de Paris ont sans doute de grands avantages, mais qui sont bien achetés par les charges qui leur sont particulières; les droits d'entrée, les contributions foncière et mobilière y sont plus élevées que dans aucune autre ville du royaume. Les dépenses laissées à la charge de la ville, et que l'on désigne sous le nom de charges municipales, sont considérables. Enfin, si l'on divise le montant des diverses contributions par le nombre des habitants, on reconnaîtra que chacun d'eux verse annuellement au trésor une quote-part plus considérable qu'aucun habitant des départements.

Les changements apportés, surtout depuis trente ans, dans l'administration municipale de la ville de Paris, ont eu les plus heureux effets. Les cimetières, situés autrefois dans l'enceinte de la ville, ont été reportés hors des murs; on a élargi un nombre considérable de rues; les maisons bâties sur plusieurs ponts ont été abattues; des places spacieuses ont été ménagées sur divers points; aussi l'air, ce premier aliment de la santé, y circule maintenant avec plus de liberté.

Des fontaines d'eau jaillissante ont été établies dans les rues les plus populeuses, et les manufactures insalubres portées hors des barrières ou soumises à des précautions salutaires. Le service de nettoyage de cette cité est fait avec plus d'exactitude; et ces améliorations, auxquelles une surveillance vigilante, aidée des avis d'un conseil de salubrité, ne permet pas que l'on renonce, rendent le séjour de la capitale plus commode et plus sain, et contribuent encore à y retenir les étrangers attirés par la réunion de tout ce qui peut rendre la vie agréable.

Les principales villes de l'Europe se distinguent toutes par des monuments ou des beautés particulières, entre lesquels il est difficile d'établir une comparaison ou de faire un choix. Certes, la ville de Paris est assez richement dotée sous ce rapport pour ne craindre aucune rivalité. Mais ce que l'on ne trouve que dans la capitale de la France, ce sont des quais superbes qui, dans une longueur de près de deux lieues, tiennent la Seine captive pour son ornement depuis le pont du Jardin du Roi jusqu'au pont de l'École Militaire. De larges trottoirs permettent aux piétons de s'y promener sans crainte, et d'y jouir de l'aspect enchanteur que présentent un beau fleuve et les palais qu'il réfléchit dans ses ondes. Cette magnifique décoration suffirait seule pour faire remarquer Paris.

Ce serait un tableau piquant que de présenter en parallèle, et rapprochés l'un de l'autre, l'état topographique de Paris en l'année 1500 et celui de l'année 1825; mais cette entreprise, en offrant une histoire complète de la capitale, m'entraînerait hors des limites d'une simple notice. Une des parties les plus intéressantes de ce travail serait le récit exact des changements et embellissements qu'a éprouvés l'Hôtel-de-Ville à l'extérieur et à l'intérieur, depuis sa fondation; il jetterait un grand jour sur l'histoire générale du royaume. Si un état ne reçoit pas d'agrandissement par les armes; si les arts, par leur influence toute-puissante, ne rendent pas les nations voisines tributaires du seul joug que l'on porte sans murmurer; si le commerce, ce premier lien des nations, le plus puissant de tous, n'attire pas avec lui les richesses, suite nécessaire d'une industrie honorable, alors l'Hôtel-de-Ville reste tel qu'il était à l'époque de la fondation de la capitale, parce que le royaume entier n'éprouve aucune amélioration.

Mais si des guerres brillantes ajoutent au territoire et appellent des nations étrangères à obéir à de nouvelles lois; si la protection d'un souverain développe dans la nation le goût des arts; si des spéculations heureuses et multipliées font d'une capitale l'entrepôt des pays voisins, les peuples sont alors attirés par une de ces trois causes. Une augmentation considérable de population nécessite d'autres dispositions; les institutions municipales ne peuvent plus rester ce qu'elles étaient, et cette bourgade, humble à sa naissance, devient peu à peu le centre d'un puissant empire: c'est ainsi que Rome et Paris ont commencé.

Lorsque Lutèce, après une longue et honorable résistance, eut enfin subi le joug des Romains déjà maîtres d'une partie des Gaules, elle fut comprise au nombre des villes tributaires sous le gouvernement du proconsul de la Gaule Celtique; des officiers gardiens de la cité y rendaient la justice et défendaient à la fois les droits du peuple: ces magistrats plébéiens étaient choisis parmi les *Nautæ Parisiaci*. Je vais rapporter une preuve irrécusable de l'existence de ce corps. On s'accorde à reconnaître que la basilique actuelle de Notre-Dame fut construite sur les fondements de l'un des premiers temples du christianisme élevé en 365 sous le règne de l'empereur Valentinien, et sur l'emplacement de l'église bâtie en 522 par Childebert. Le premier de ces monuments, construit en 365, avait été lui-même élevé sur les ruines d'un petit temple dédié à Jupiter sous le règne de Tibère. En 1711, des fouilles ont fait découvrir deux anciens murs et un autel orné de bas-reliefs avec des inscriptions; celle-ci surtout était parfaitement conservée.

Tiberio Cæsare Aug. Jovi maximo optimo......
Nautæ Parisiaci publice posuerunt.

Ainsi, sous le règne de cet empereur, les *Nautæ* formaient déjà une corporation puissante.

Le gouvernement municipal se retrouve donc dans l'origine de Paris comme dans celui de toutes les cités; ce pouvoir, qui représente en grand le pouvoir paternel, a précédé toutes les formes de gouvernement; il se maintint dans la capitale des Gaules, après qu'elle eut subi la loi des Romains.

Au commencement du douzième siècle, Louis-le-Gros affranchit les communes. Il sentit qu'il était d'une saine politique de relever leur puissance dont il n'avait rien à craindre, et de diminuer celle des grands-vassaux, dont les prétentions, soutenues par la force des armes, avaient plus d'une fois mis sa couronne en danger. Cette conduite a toujours été suivie depuis, et surtout par les derniers rois qui ont régné sur la France.

L'administration actuelle de la ville de Paris offre un heureux mélange de l'ancien mode de gouvernement approprié aux mœurs actuelles au moyen de changemens approuvés par l'expérience. L'aristocratie qui veille aux besoins de la capitale, qui règle ses dépenses et qui défend ses droits à la Chambre des Députés, est composée de notabilités bourgeoises. Pour parvenir aux emplois municipaux, d'autant plus honorables qu'ils sont gratuits, il faut compter une suite d'aïeux de probité irréprochable; pour s'en convaincre, il suffit de jeter les yeux sur la liste des maires, de leurs adjoints, des membres du conseil-général des hospices, de celui des prisons, des comités de bienfaisance. On y trouve des noms justement révérés, et des exemples d'une vertu d'autant plus admirable qu'elle n'eut jamais d'action que pour faire le bien, et que la modestie vient en rehausser l'éclat.

Les avantages que présente un climat tempéré et une situation topographique des plus heureuses; la douceur des mœurs des habitans; la prévenance avec laquelle ils accueillent les étrangers; ce qui peut satisfaire les goûts de l'opulence, et procurer même aux fortunes les plus médiocres des plaisirs répétés; des collections nombreuses et qui attestent nos succès dans toutes les branches des sciences; les bibliothèques, les musées, les galeries de tableaux et de sculpture, les chaires, les théâtres; la possibilité de briller quand on le veut et d'exciter l'envie, ou de cacher son existence si l'on est maltraité par le sort; toutes les recherches du luxe jointes à cette liberté que l'on ne trouve aussi complète qu'à Paris seulement, voilà les causes qui attirent sans cesse et qui fixent quelquefois une foule d'étrangers dans cette capitale, belle, non de l'agglomération d'une foule de constructions insignifiantes, mais brillante par la réunion des objets qui attestent le goût de la nation, le progrès des arts et la magnificence de nos Rois. Le sort des armes a pu ravir à la capitale de la France le nom de Rome moderne; mais il en est un non moins honorable, parce qu'il ne dépend pas du hasard et de ses chances aventureuses, et qui est incontestablement acquis à la ville de Paris : c'est celui de capitale de l'Europe et de centre de la civilisation.

Quelques écrivains, séduits par l'esprit de sophisme ou entraînés par la manie de tout fronder, ont reproché à Louis XIV d'avoir dépensé des sommes considérables pour l'érection de monumens publics dans Paris, et d'avoir, par ostentation et pour laisser des traces de son règne, grevé le trésor et ajouté aux charges publiques. Si ces critiques de mauvaise foi avaient apporté dans la discussion de cette question les connaissances nécessaires, ils n'auraient pas tardé à reconnaître que ce qu'ils blâmaient devait au contraire être l'objet de leurs éloges : en prononçant avec l'expérience du passé, on ne saurait se tromper.

N'est-il donc pas reconnu aujourd'hui que Louis XIV, en élevant ce nombre considérable d'édifices qui décorent Paris, a fondé la gloire et la prospérité de cette capitale. De quelle utilité réelle ne sont-elles pas, ces dépenses auxquelles on subvient au moyen d'impositions fournies par les classes élevées et riches de la société, et qui, par une répartition multipliée à l'infini, portent l'aisance dans les derniers rangs du peuple.

Ces dépenses, que les esprits superficiels taxent de prodigalité, ont pour résultat inévitable d'attirer les peuples voisins, et d'augmenter par la suite les richesses d'une nation. De toutes les parties du monde le voyageur visite encore les bords du Tibre, et cependant quatorze siècles se sont écoulés depuis que Rome n'est plus maîtresse de la terre : il est donc vrai que la puissance des arts survit à celle des armes.

Les historiens ne sont d'accord ni sur l'époque de la fondation de la ville de Paris, ni sur l'étymologie de son nom. Il est bien singulier que nous ne possédions aucuns documens certains, et que nous en soyons réduits aux conjectures à ce sujet.

Quelques écrivains, guidés par une vanité puérile, ont cru devoir prêter à la ville de Paris une origine qui remonterait à la plus haute antiquité. S'il fallait ajouter foi à leurs assertions, au temps qu'Érictonius régnait sur les Troyens, Paris, fils de Romus, commandait dans les Gaules; il descendait, dit-on, de Noë, et ce fut lui qui donna son nom à la ville de Paris, qu'il aurait fondée plusieurs siècles avant que Romulus n'eût entouré de murs les premières maisons de Rome.

Des historiens avancent gravement que la ville de Paris fut fondée par Francus, fils d'Hector, qui lui donna ce nom en l'honneur de Pâris, fils de Priam. Les partisans de cette opinion font remarquer que les armoiries des premiers Parisiens étaient un blason de gueules avec un pal d'or pareil à celui de Pâris. Je ne crois pas nécessaire de réfuter sérieusement une pareille opinion.

D'autres antiquaires prétendent qu'après l'embrasement de Troie, Francion se réfugia en Hongrie où il s'établit; deux siècles après, une partie des descendans de ses compagnons, sous la conduite du duc Ibros, auraient traversé la Germanie, passé le Rhin, et seraient venus fonder la ville de Lutèce dans une île formée par la Seine.

Jean-Baptiste Mantuan écrit qu'Hercule, allant en Espagne, passa par les Gaules, et que la situation de l'île appelée aujourd'hui la Cité lui plut tellement, qu'il y fit bâtir plusieurs maisons et édifices pour y loger quelques-uns de ses compagnons appelés Parrasiens, qui donnèrent leur nom aux habitans de cette ville, nommés depuis Parisiens.

S'il faut en croire Eusèbe, la fondation de Paris serait antérieure de soixante ans à celle de Rome, et de cinq siècles à la naissance de Jésus-Christ. On doit rejeter toutes ces origines fabuleuses inventées par des écrivains qui, privés de notions certaines, donnèrent un libre cours à leurs suppositions. Les premiers habitans de Paris ou Lutèce venaient de la Germanie, dont les peuples firent de fréquentes incursions en Italie et dans les Gaules, où une de leurs colonies se fixa dans l'île de la Cité avec la permission des Sénones.

Les savans ne sont pas plus d'accord sur son étendue dans les premiers temps de son origine. Les uns affirment que, jusqu'à l'année 401 que Clovis monta sur le trône, Paris n'était qu'un petit bourg enfermé dans l'île de la Cité, et que l'on n'y trouvait que des huttes en bois couvertes en roseaux. *Lutetia, id est op-*

pidum Parisiorum, positum in insulâ fluminis Sequanæ. (De Bello Gallico, L. VII, cap. XI.) Ammian Marcel. s'exprime ainsi:

Matrona et Sequana, amnes magnitudinis geminæ, fluentes per lugdunensem post circumclusum ambitu insulari Parisiorum castellum Lutetiam nomine consociatim meant, meantesque protinus propè castra Constantiæ funduntur in mare.

« La Marne et la Seine sont deux fleuves de double grandeur, qui après avoir « arrosé la province lyonnaise, baignent le pied du château des Parisiens appelé « Lutèce, qui est enfermé dans une île, et qui continuant leurs cours, se jettent « dans la mer auprès du château de Constance. »

Ce sentiment n'est pas celui des historiens qui assurent au contraire qu'immédiatement après la conquête des Gaules, Paris devint sous les empereurs une grande et belle ville. Valentinien et Julien y avaient un palais entouré de marchés et des dépendances nécessaires. A l'appui de cette opinion on rapporte l'inscription des *Nautæ Parisiaci* du temps de Tibère; on cite les monumens déterrés dans la cathédrale, les aquéducs trouvés loin de l'ancienne ville, la belle tête de Cybèle que des fouilles firent découvrir près de l'église de Saint-Eustache, enfin les ruines du palais des empereurs que l'on admire encore aujourd'hui dans la rue de la Harpe, et qui par conséquent était situé loin de l'enceinte dans laquelle on prétend que Paris était restreint.

Ajoutez à ces preuves que tous les historiens s'accordent à dire que, dans l'année 509, ou en l'année 499, à la mort de Sainte Geneviève, son corps fut enterré au midi, hors de la ville; on éleva sur son tombeau un petit oratoire, à la place duquel Clovis fit bâtir une grande église, qui, quoique placée sous l'invocation de Saint Pierre et de Saint Paul, ne fut connue dès les premiers temps que sous le nom de Sainte Geneviève; c'est dans cette église que Clovis fut enterré vers 515. On lisait cette inscription sur son tombeau:

Hic est illustrissimus Rex Ludovicus,
Qui et Clodovens antè Baptismum nominatus est
Francorum Rex Quintus.

Et en français :

> Cy gist le V. Roy de France et premier chrestien dict Clovis, devant son baptesme lequel sainct Remy baptisa à Reims et le nomma Loys. Cestuy institua chef de son roiaume, lequel il delivra et franchit des Romains.
>
> En ceste église Clovis mit chanoines séculiers lesquels furent ostés par le Roy Loys fils de Loys le Gros, qui y mit des chanoines réguliers.

Sainte Clotilde, femme de Clovis, Clotilde, leur fille, femme d'Almarih, roi des Goths, et les deux fils de Clodomire, y furent également inhumés. Ce que l'on rapporte de cette église ne permet pas de douter qu'elle ne fût belle et étendue.

> « En cest endroit il me souvient que la pluspart des anciennes églises « ont des caves et voultes souterreines, c'estoit la dévotion de ce temps « là. En ceste église, au milieu du coeur, fut enterré le Roy Clovis : « le sepulchre dudict Roy est hault de deux pieds, son effigie est élevée « dessus avec grande maiesté; le tout est enclos d'un coffre de bois, aux « ouvertures duquel est escrit un long épitaphe. »

Ce monument et le palais des empereurs n'étaient certainement pas les seuls qui se trouvassent hors de la ville; il y avait donc, avant le règne de Clovis, des maisons hors de l'enceinte de la Cité. Je crois que l'on pourrait concilier ces diverses opinions en se rappelant qu'au neuvième siècle Paris fut assiégé par les Normands, qui ne purent se rendre maîtres de la Cité proprement dite, parce qu'elle était fortifiée, mais qui détruisirent tous les édifices extérieurs, et réduisirent la ville à la partie qui était enfermée dans l'île. A l'appui de cette opinion, Abbon rapporte que la ville de Paris, enfermée dans l'île de la Cité, tenait à la terre ferme, par deux ponts bâtis à la même place où se trouvaient, en 1700, le Petit-Pont et le Pont au Change. La ville entière était environnée de murailles en bois, et l'on ne pouvait y pénétrer que par ces deux issues défendues chacune par une tour également en bois. Ce genre de fortifications, qui serait aujourd'hui bien impuissant, suffit cependant pour arrêter les premiers Normands ou Danois conduits par Siegefroy; après un siége opiniâtre, ils ne purent forcer l'enceinte, et furent obligés de se retirer après avoir éprouvé une perte considérable.

Si les recherches les plus laborieuses ne donnent que des notions vagues sur l'époque où Paris fut bâti, il n'existe pas moins d'incertitude sur l'origine des noms de Lutèce ou de Paris. Quelques étymologistes font dériver le nom de Lutèce, de Luce, roi des Gaulois, qui aurait donné son nom à cette petite ville environnée des deux bras de la Seine. Elle est désignée par César sous le nom de *Lutetia,* qui signifie boue, terre grasse, peut-être à cause des marais qui l'entouraient, surtout du côté du Pont Notre-Dame. S'il faut en croire Ptolomée, on l'appelait *Leucotetiam,* c'est-à-dire blanche; peut-être fut-elle nommée ainsi à cause de sa position, car elle se trouvait entourée de carrières et de plâtrières: ces deux vers de Jean Lascaris y faisaient allusion:

Nativo Leucotetiam candore coruscam
Dixere, ex etymo, Gallica terra, tuo.

L'étymologie du mot *Paris* a été également l'objet des recherches et des conjectures: ce nom, suivant quelques écrivains, serait un composé de *para Isi,* proche d'Isis, du temple d'Isis que l'on prétend avoir été bâti sur l'emplacement où se trouve aujourd'hui l'église Saint-Germain-des-Prés. Corrozet, qui a publié en 1561 un ouvrage sur les antiquités de Paris, dit positivement qu'une statue, que l'on assurait être celle de la déesse Isis, avait été vue de son temps dans cette église, et qu'il en a souvenance. Elle était, ajoute-t-il,

« Haute, droite, noire à cause de son antiquité, et nue à l'exception « de quelques bandes de linge qui couvroient ses membres. Il ajoute « qu'elle étoit située contre la muraille, du côté septentrional, vers « la cour de l'église : le peuple croyoit que cette idole étoit l'image de « St-Germain des Prés. L'an 1514, elle fut enlevée par ordre de « Mgr. Briconnet, évêque de Meaux et abbé de St.-Germain-des-Prés, qui « fit mettre à la place une croix rouge, que l'on voyoit encore en 1560. »

Cette assertion d'un homme qui était presque contemporain de l'époque où la statue fut enlevée, et qui déclare qu'il en a eu connaissance, pourrait être d'un grand poids; mais on observe avec raison que les Gaulois ne révéraient pas les idoles à figure humaine. D'ailleurs les Romains, qui seuls auraient pu introduire dans les Gaules le culte d'Isis, n'ont eux-mêmes adoré cette déesse qu'après que César eut conquis les Gaules, et le nom de *Parisii* était connu avant cette époque.

Guy de Fontenay pense que *Parisius* vient du mot grec παῤῥησία, qui signifie hardiesse; Armovitanus le fait entendre lorsqu'il dit :

> Et se Parisios dixerunt nomine Franci,
> Quod sonat audaces.

Il est beaucoup plus probable que le mot de Parisiens vient de la province appelée *Parisii* au milieu de laquelle la ville était bâtie, ainsi que Ville-Parisis, Cormeilles en Parisis; le pays aura donné son nom aux habitants.

Paris sous Mérovée devint capitale des Gaules, et le séjour ordinaire des rois; le pays qui l'entourait fut désigné sous le nom de France : Mérovée prit le premier le nom de roi de Paris. Clovis porta également ce titre. Après avoir terminé glorieusement la guerre qu'il avait entreprise contre les Visigoths, et dans laquelle il tua de sa propre main Alaric, leur roi, il se retira à Paris déclaré par lui capitale de son royaume qu'il organisa régulièrement, et dont il étendit les limites jusqu'à la Loire. Neuf rois de la première race s'honorèrent du titre de rois de Paris.

Malgré les partages successifs du royaume entre les enfants des rois de la première race, on tomba souvent d'accord de ne posséder cette ville que par indivis. L'exemple en avait été donné par les rois de Bourgogne, d'Austrasie et de Soissons, qui, ayant recueilli la succession de Caribert, roi de Paris, convinrent qu'aucun des trois ne pourrait y entrer sans le consentement des deux autres, de peur qu'il ne s'en fît un titre pour être considéré comme seul roi des Français.

Après la mort de Louis V en 987, la couronne appartenait de droit à Charles, duc de Lorraine et fils de Louis-d'Outremer; mais ce prince était devenu odieux au peuple et surtout aux grands vassaux par son traité avec Othon II, roi de Germanie, dont il s'était en quelque sorte reconnu le vassal pour son duché de

Lorraine. Pour ne pas être commandés par un homme qui dépendait d'un prince étranger, ils le privèrent de la couronne, et l'offrirent à Hugues Capet, duc de France; ce dernier titre ne contribua pas peu à son élévation au trône. L'importance de Paris ne fit que s'accroître depuis cette époque, et les rois de la troisième race se sont constamment occupés du soin de l'agrandir et de l'embellir.

La première enceinte avait été tracée par les rois de la première race; la seconde enceinte est due à Louis-le-Gros, qui fit entourer la ville et les faubourgs; la troisième fut ordonnée par Philippe-Auguste en 1190. Elle subit des changements nombreux en 1536, en 1560, en 1566, en 1631, en 1670, en 1704, et en 1760; enfin, en 1786, l'enceinte actuelle fut terminée, et la ferme-générale fit élever les barrières nouvelles: le mur d'enceinte fut alors reculé sur plusieurs points; les villages de Chaillot, du Roule, de Monceau, de Clichi, ainsi qu'une partie du village de Montmartre, furent réunis à la ville; c'est ainsi que la barrière de Chaillot, qui se trouvait placée en face de la grande rue de ce village, fut alors éloignée jusqu'au point où nous la voyons en ce moment.

Depuis cinq siècles, l'agrandissement de Paris s'est toujours développé dans une proportion plus forte que l'accroissement de sa population; car le besoin de se procurer une habitation plus commode, plus spacieuse, a dû nécessairement être produit par l'augmentation des fortunes particulières.

PALAIS DE JUSTICE.

La description du Palais de Justice me conduit naturellement à parler des différentes destinations qu'il a reçues, et par conséquent du parlement de Paris, qui l'occupa si long-temps. S'il entrait dans le plan de cet ouvrage de tracer une histoire complète de cette grande institution qui, dans l'ancienne monarchie, servait de contre-poids au premier pouvoir de l'État, je la suivrais dans les divers changements qu'elle a éprouvés depuis sa formation; je présenterais un relevé de tous ses actes; je rappellerais l'esprit qui l'a animée, et je montrerais le parlement de Paris, comme au temps de la Ligue, défendant le trône contre l'anarchie, puis après, en 1610, s'interposant entre quelques favoris puissants et le peuple, pour assurer ses droits.

Les hommes, qui trop souvent jugent avec légèreté, croient avoir remarqué dans l'histoire que le pouvoir parlementaire lutta souvent contre le pouvoir monarchique. Cette opinion n'a pu être adoptée que par des esprits superficiels qui n'ont pas assez réfléchi sur les évènements. Il serait facile de prouver que la résistance que le parlement de Paris opposa à différentes époques aux dépositaires passagers du pouvoir, et les remontrances respectueuses qu'il déposa au pied du trône, prouvaient un amour plus vrai, un dévouement plus éclairé, que cette obéissance passive qui ne sait pas calculer les suites d'un zèle souvent maladroit, parce qu'il est toujours aveugle. Pendant les deux derniers siècles surtout, le parlement de Paris ne cessa de professer le respect le plus profond pour la personne de nos rois, et pour les prérogatives de la couronne dont il se montra le plus ardent défenseur.

Mais ce but unique n'est pas celui que je me suis proposé; frappé de l'indifférence que trop de contemporains montrent pour les monuments qui nous ont été légués par nos pères, tandis que, par une bizarrerie inexplicable, les mêmes hommes vont à l'étranger s'extasier devant quelques ruines insignifiantes du moyen âge, j'ai voulu prouver aux Français que, sous ce rapport encore, nous sommes plus riches que nos voisins. C'est dans ce dessein que j'ai entrepris de donner la description historique et pittoresque du Palais de Justice, de la Conciergerie et de la Sainte-Chapelle. J'ai choisi ces monuments, parce qu'ils présentent les détails les plus curieux pour celui qui veut étudier l'architecture et suivre ses progrès, et parce qu'ils se rattachent aux époques les plus importantes de notre histoire. Mais je n'aurais qu'imparfaitement rempli ma tâche, si je ne faisais connaître les institutions aussi bien que les lieux: j'analyserai donc l'histoire du parlement de Paris depuis huit siècles.

C'est dans l'enceinte du Palais de Justice que les destinées de la France furent tour-à-tour changées ou affermies; car l'épée ne décida pas toujours du sort des empires. A l'aspect de ces lieux les souvenirs se pressent en foule; le récit des évènements dont ils furent le théâtre formerait seul un cours complet d'histoire où le passé pourrait donner au présent d'utiles leçons, si l'expérience n'était pas toujours perdue pour les hommes. C'est là qu'à différentes époques on vit des magistrats, véritables pères du peuple, opposer une résistance honorable, parce qu'elle était périlleuse, aux prétentions de quelques favoris tout-puissants ou d'une multitude égarée. Plus tard, des monstres dignes de leur affreuse mission, et qui avaient usurpé le titre de magistrats, épouvantèrent le monde par le spectacle de leurs sanglantes proscriptions. Mais bientôt l'éternelle équité reprenant son empire, ces mêmes lieux durent encore être considérés comme le temple de la justice; là je retrouve des traces de fidélité ou de trahison, et l'exemple des vertus ou des crimes. Mais avant de parler avec plus de détail de ce tribunal suprême, qui occupe une place si considérable dans nos annales, il me paraît convenable de tracer l'histoire abrégée du Palais où il était établi.

Tout porte à croire que, dès la fin du quatrième siècle, Paris ou plutôt Lutèce contenait un édifice où se réunissait le corps municipal, et qui servait de dépôt à ses actes; que cet édifice était construit sur l'emplacement occupé depuis par le Palais de Justice. En admettant cette supposition que toutes les données historiques confirment, Lutèce, à cette époque qui vit la fin de la domination romaine, contenait deux monuments auxquels on pouvait donner le nom de Palais: celui de la Cité, et celui dans lequel les Césars faisaient leur demeure, lorsqu'ils venaient dans les Gaules, et qui était connu sous le nom de Palais des Thermes. Le premier de ces deux Palais servait de dépôt aux actes que les monuments historiques nomment *Gesta municipalia.* Cet édifice ne pouvait être que celui désigné depuis sous le nom de Palais de Justice. Il est certain que l'ordre municipal et les bâtiments consacrés à cette institution étaient toujours, dans les villes anciennes, placés dans le quartier spécialement nommé la Cité.

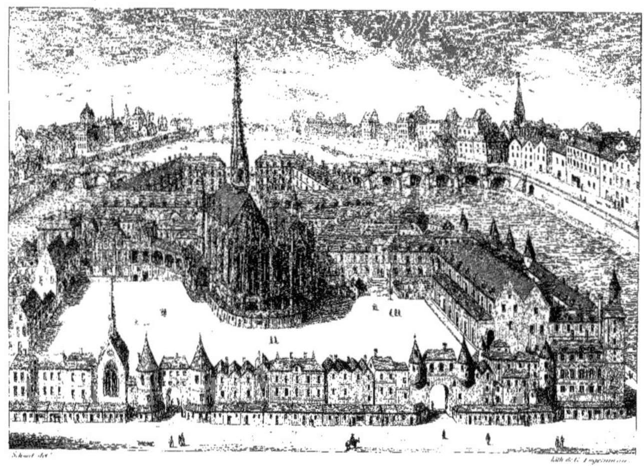

Veue du Palais en l'Isle, de la sainte Chapelle et de la Cour des Comptes prise de la tour de sainct Barthelemy

ÉVÉNEMENTS HISTORIQUES.

La construction du Palais remonte aux époques les plus reculées de notre histoire; la crainte qu'inspiraient les Normands décida Eudes à transporter sa demeure dans la Cité, où il se trouvait en sûreté; car on ne pouvait y aborder que par deux ponts défendus par des travaux. Il fit bâtir les tours que l'on voit encore, ainsi que celle dont on a découvert en dernier lieu les fondations au-dessous du pavé de la cour des femmes, à la Conciergerie (1). Ce prince abandonna la résidence des Thermes, qui dès ce moment prit le nom de Vieux Palais.

Le Palais de la Cité fut presque entièrement reconstruit en 1003, par ordre du roi Robert, qui voulut ensuite l'honorer de sa présence; il ordonna que les tables de Pâques y seraient dressées. Ses successeurs y firent plusieurs augmentations. Philippe-le-Bel le reconstruisit de nouveau presque en entier en 1313. En 1258, sous le règne de Saint-Louis, l'édifice était déja désigné sous le nom de Grand-Palais. C'est à ce Roi que l'on doit les salles supérieure et inférieure qui portent encore son nom, celle où siége la Cour de Cassation, enfin la Sainte-Chapelle, un des monuments les plus parfaits de l'architecture gothique. Louis XI y ajouta le bâtiment de la Cour des Comptes, qui ne fut terminé que sous Louis XII, et dont nous avons donné un dessin. Le style de cet édifice, assez élégant, appartient déja à ce genre bâtard qui annonce le passage du goût gothique à celui de la renaissance.

En 1370, fut placée dans la tour que forme l'angle du quai du côté de la rive gauche de la Seine la première grosse horloge que l'on eût vue à Paris, et qui fut fabriquée dans cette ville par un étranger (Henri de Vic), dans le cours de la même année.

Le Palais a été le théâtre d'événements importants.

(1) C'est dans cette même tour, déja détruite, à ce qu'il paraît, du temps de Louis XIII, que fut renfermé Montgommery après le meurtre de Henri II.

La plupart des Rois de la première race l'habitèrent, ainsi que quelques-uns de la troisième.

Louis-le-Gros y mourut en 1137, et Louis-le-Jeune en 1180. Jean-sans-Terre, Henri II et Henri III, rois d'Angleterre, y trouvèrent un asyle. Ce dernier y fit hommage à Saint-Louis dans le grand jardin. C'est là que ce saint roi, vêtu d'une cotte de camelot, d'un surcot de tiretaine sans manches, et d'un manteau de sandal noir, rendait justice à ses sujets; il était habituellement couché sur un tapis, et assisté de Joinville ou autres conseillers. En 1208, sous le règne de Philippe-Auguste, l'un des plus grands princes qui aient régné sur la France, les chambres du Palais étaient garnies avec de la paille; il est dit, dans des lettres de ce Roi : « Nous donnons à la Maison de Dieu (1) de Paris, « située devant la grande église de la bienheureuse Marie, pour les pauvres « qui s'y trouvent, *toute la paille de notre chambre, de notre maison de Paris*, « chaque fois que nous partirons de cette ville pour aller coucher « ailleurs. »

En 1274, Philippe-le-Hardi épousa dans l'église du Palais Marie de Brabant; le mariage fut célébré par l'archevêque de Reims, au refus de l'évêque de Paris. Les difficultés élevées par ce prélat furent cause que Philippe déclara en 1283 que la Sainte-Chapelle serait désormais exempte de la juridiction de l'ordinaire et ne releverait que du Saint-Siége.

Ce fut au Palais que Philippe-le-Bel, accompagné des princes et seigneurs de la Cour, demanda aux députés des villes, qu'il avait fait assembler, un emprunt considérable, pour faire la guerre à ses ennemis.

Robert de Béthune, comte de Flandre, y fit, en 1320, hommage à Philippe-le-Long, et y maria Louis de Crécy, son petit-fils, avec Marguerite de France, fille du roi.

En 1357, Marcel, prevôt des marchands, y assassina, en présence du dauphin, Robert de Clermont, maréchal de France, et Jean de Conflans, maréchal de Champagne.

Charles VII, en 1431, abandonna l'entière jouissance du Palais au Parlement, qui y avait été établi primitivement par Philippe-le-Bel.

(1) Aujourd'hui l'Hôtel-Dieu.

En 1378, Charles IV, empereur, logea au Palais; il y fut reçu et traité magnifiquement par Charles V.

Pendant que Charles VI était occupé à faire la guerre aux Flamands, les Parisiens se révoltèrent; le roi, à son retour, fit élever un dais sur le perron du grand escalier; le peuple remplit les cours, et vint crier miséricorde. Le chancelier d'Orgemont l'admonesta; et le roi, à la prière de ses oncles, consentit à commuer en une amende pécuniaire la peine de mort à laquelle étaient condamnés ceux qui avaient excité la sédition.

En 1400, Jean Ier, duc de Bourbon, épousa, au Palais, Marie, seconde fille du duc de Berry: le festin nuptial se fit, comme de coutume, dans la grande salle; mais contre l'usage, les princes du sang servirent et couvrirent les tables.

En 1401, on déchira, au Palais, les bulles de l'anti-pape Benédict: ceux qui les avaient apportées y firent amende honorable; ils étaient mitrés et vêtus d'une tunique de toile. Les bulles, sur lesquelles les armes de Bénédict étaient peintes et renversées, furent traînées dans un tombereau, par les rues et carrefours de Paris.

En 1415, l'empereur Sigismond logea au Palais; puis s'étant rendu dans la grande chambre, il y tint l'audience, et s'assit même au-dessus du premier président à la place du roi, ce qui excita des murmures. Enfin, pendant plus de six siècles, c'est au Palais que se donnaient les festins des rois et les fêtes solennelles, que les cérémonies publiques avaient lieu, que logeaient les princes étrangers, et que se tenaient les grandes assemblées.

L'une des parties les plus curieuses du Palais, était sans contredit la grande salle, qui passait pour la plus magnifique du temps. Elle était pavée de marbre blanc et noir, lambrissée et voûtée en bois, soutenue dans le milieu de piliers aussi en bois, rehaussés d'or et d'argent. A l'un des bouts était placée une chapelle, que Louis XI avait fait élever en 1447, et qui était terminée par deux colonnes: sur l'une était placée l'image de Charlemagne, et sur l'autre celle de saint Louis. A l'autre extrémité de la salle était dressée une table de marbre, qui en occupait presque toute la largeur; l'étendue et l'épaisseur de cette table étaient telles, que l'on n'en avait jamais vu de pareille; elle servait aux festins royaux, et les élèves de la basoche étaient en possession d'y jouer des pièces.

Dans la nuit du 5 au 6 mars 1618, un incendie des plus violents se déclara dans l'intérieur du Palais. Quelques écrivains rapportent gravement qu'après minuit une étoile enflammée, large d'un pied, et haute d'une coudée, descendit du ciel, et embrasa le Palais. D'autres historiens, et cette version a plus de fondement, accusent de ce crime les complices de l'assassinat de Henri IV, qui voulaient par ce moyen brûler le greffe, et anéantir les pièces du procès de Ravaillac, qui les compromettait. Je suis d'autant plus porté à me ranger à cette opinion, que je trouve le passage suivant dans les Observations Historiques, imprimées à la suite de la tragédie de la *Mort d'Henri IV*, par Legouvé. Je déclare que j'ai les raisons les plus fortes pour être convaincu que ce travail est le fruit de recherches exactes, faites sur des pièces originales et peu connues, qui se trouvaient dans les bibliothèques de Paris, ou dans des archives particulières, que Legouvé eut à sa disposition.

« Vainement l'on objecte qu'il a été écrit que Ravaillac a soutenu jusqu'à « la fin de sa vie qu'il n'avait pas de complice : comment connaîtrait-on ses « paroles positives, puisque après son supplice l'original des pièces du procès fut « supprimé (1); que son dernier interrogatoire se passa *sous le secret de la « Cour* (2); et que la dernière déclaration qu'il dicta sur l'échafaud, et qui sans « doute renfermait la vérité, fut si mal transcrite par un greffier nommé Voisin, « que les experts les plus habiles ne purent jamais la déchiffrer (3): précautions « qui certainement n'auraient pas été prises, s'il n'y avait eu des conjurés inté- « ressés à ce que les révélations de l'assassin restassent inconnues. »

Mais revenons à la suite de mon récit. Le feu qui dans la nuit du 5 au 6

(1) On lit dans les Observations sur le règne d'Henri IV, qui font suite à l'Histoire de France par Daniel: *Ces difficultés disparaîtraient si nous avions l'original de la procédure.* Mais pourquoi ne l'avons-nous pas? Pourquoi ne se trouve-t-elle pas dans les registres des Parlements? Tom. XII, pag. 649, édit. in-4°, ann. 1756. — Sully dit aussi dans ses Mémoires: *On a remarqué de l'affectation à supprimer des pièces* par lesquelles *le procès du parricide se trouvait instruit.* Tom. VII, pag. 393, édit. in-12, ann. 1767.

(2) Mercure Français, fol. 454, ann. 1610. — On trouve aussi dans les Mémoires de Sully : *Suivant ledit arrêt, pour la révélation de ses complices, il fut appliqué à la question des brodequins; ce qui s'y passa est sous le secret de la Cour.* Tom. VII.

(3) Mémoires de Condé, Tom. VI, Avertissement, pag. 30, édit. in-4°, ann. 1743. — Observations sur le règne de Henri IV; Histoire de France par Daniel. Tom. XII. — Histoire Universelle, trad. de l'anglais, Tom. XXXI, pag. 258, édit. in-4°, ann. 1769.

mars 1618, éclata dans les bâtiments du Palais, attaqua d'abord la charpente de la grande salle; les solives et les poutres qui soutenaient le comble, tombèrent sur les boutiques des marchands, sur les bancs des procureurs et sur la chapelle remplie alors de cierges et de torches qui s'enflammèrent à l'instant, et qui donnèrent une nouvelle activité à l'incendie. Le feu consuma en quelques instants les requêtes de l'hôtel, le greffe du trésor, la première chambre des enquêtes et le parquet des huissiers; bientôt après il se communiqua à une tourelle située auprès de la conciergerie et à d'autres greffes dont les papiers furent anéantis. Les prisonniers que la fumée menaçait alors d'étouffer, jettèrent de grands cris, qui augmentèrent le désordre, et c'était un spectacle affreux à voir, que le danger que couraient ces malheureux, qui ne pouvaient se soustraire au péril: plusieurs d'entre eux parvinrent cependant à s'échapper. Un brandon enflammé communiqua le feu au faite de la tour de l'horloge, qui eût été dévorée en totalité, si l'on n'eut fait la part de ce fléau en sacrifiant la partie supérieure de l'édifice.

Les pompes à incendie n'étaient pas encore connues; on ordonna aux habitants voisins de la rivière de tirer une grande quantité d'eau de la Seine et des puits, et de la répandre dans les ruisseaux, d'où elle se rendait dans la cour du Palais, où un lac ne tarda pas à être formé, on employa aussi le foin mouillé et le fumier; malgré tous ces efforts on ne pût prévenir des dégats très-considérables. La table de marbre, siège du tribunal de ce nom, fut réduite en poudre. La connétablie, l'amirauté, et les eaux et forêts de France siégeaient autour de cette table; et malgré sa destruction, on continua de les désigner sous ce nom. Les statues des rois, depuis Pharamond, jusqu'à François Ier., qui décoraient la grande salle furent brisées; cette collection était d'autant plus précieuse, qu'elle présentait une suite chronologique très-exacte; car chaque statue était accompagnée d'une inscription indiquant les dates de l'avénement au trône et de la mort de chaque roi.

On ne saurait trop déplorer la perte de documents aussi positifs; mais heureusement Corrozet, dans ses *Antiquités, chroniques et singularités* de Paris, imprimées dans cette ville en 1561, en avait donné une description exacte, à laquelle on ne peut manquer d'ajouter entièrement foi lorsque l'on réfléchit que Corrozet a vu les monuments qu'il décrit et qui furent détruits trente-huit ans plus tard. Je crois ne pouvoir mieux faire que de reproduire la copie de cette relation officielle, tout en exprimant mon étonnement de ce que Sauval, Félibien et autres historiens n'aient pas suivi la même marche. Quoique l'ouvrage de Corrozet soit devenu assez rare, il n'est pas possible que ces écrivains n'en aient pas eu connaissance. Je dois cependant me féliciter de cet oubli puisque ces renseignements ont acquis ainsi un nouveau degré d'importance et d'intérêt.

Apres Philippe troisiesme, regna son fils le Roy Philippe-le-Bel, lequel feit edifier de tressumptueux et magnifique ouurage, le grand Palais Royal, pres de la Saincte Chapelle et du petit Palais, dict la ſalle ſainct Loys et de la petite ſalle : et fut conducteur de l'oeuure messire Enguerrand de Marigny, cheualier, comte de Longueuille et général de ſes finances. Lequel Palais pour la grandeur d'iceluy, disposition des lieux, tours, ſalles, chambres, galeries, courts et iardins est estimé le bastiment le plus durable et accomply de France.

Les murs d'iceluy, garnis de tours et tourelles, contiennent depuis le pont des Musniers, où est l'Horloge, iusques au pont ſainct Michel, enuironnants des deux costés de la riuiere, tout ledict Palais, iusque à la poincte de l'isle de la Cité, où estoit la maison des estuues et iardin du Roy, à l'endroit duquel iardin passoit iadis un petit bras de Seine, ſéparant une petite isle d'auec la grande, laquelle nous y auons veu joindre, remplissant le canal de l'eau des vuidanges de la ville.

Apres que le Palais fut édifié, le Roy Philippe y tint feste l'espace de huict iours, en laquelle il feit ſes trois fils cheualiers; durant laquelle feste, le peuple de Paris tint les boutiques fermées, pour s'accomoder à la joye du Prince.

Pour ce que je voy ordinairement ſusciter controuerses entre les historiographes, et en tant que touche l'ordre des Roys (mesmement des anciens) et le temps de leurs regnes, ie les mettray cy en la propre manière, qu'il est écrit sous leurs effigies, en la grande ſalle dudict Palais. Le commencement desquels est entre les deux verrieres, au chef de la table de marbre vers occident, du costé du parquet des requestes.

Aucuns ſont en ceste opinion, que ceux qui ont les mains haultes ont régné vertueusement : et ceux qui ont les mains basses ont esté infortunés, ou n'ont faict acte d'excellence; et sur ce est à noter que la main dextre signifie la puissance de régner, et les victoires; de ceste là aussi aucuns tiennent le sceptre royal. La main senestre dénote iustice, de laquelle ils tiennent le signe de la main de iustice : et ainsi pourroit-on juger (s'il est licite) des actes des uns et des autres.

L'ordre est tel :

Les noms et généalogies des Roys de France, le temps de leurs regnes et leurs trespas, ainsi qu'il est escrit soubz leurs effigies au Palais Royal. à Paris.

PHARAMOND, premier Roy des François, regna payen onze ans, et trespassa l'an quatre cents trente.

CIODIO, fils de Pharamond, regna payen vingt ans, et trespassa l'an quatre cents cinquante.

MEROVEE, fils de Clodio, regna payen x ans, et trespassa l'an cccc.lx.

CHILDERIC, fils de Mérouée, regna xxv ans, et trespassa l'an ccc.lxxxv.

CLOVIS, premier Roy Chrestien, fils de Childéric, regna xxx. ans, et trespassa l'an cinq cents quinze.

CHILDEBERT, fils de Clovis, regna avec Clotaire son frère, xlv. ans, et trespassa l'an cinq cents soixante.

CLOTAIRE, fils de Clouis, regna avec Childebert xlv. ans, et depuis Childebert v. ans, et trespassa l'an cinq cents lxv.

CHILPERIC, fils de Clotaire, regna vingt ans, et trespassa l'an cinq cents octante-six.

CLOTAIRE deuxiesme, fils de Chilperic, regna quarante quatre ans, et trespassa l'an six cents trente.

DAGOBERT, fils de Clotaire, regna xvi. ans, et trespassa l'an six cents quarante-six.

CLOVIS deuxiesme, fils de Dagobert, regna dix-septs ans, et trespassa l'an six cent soixante-trois.

CLOTAIRE troisiesme, fils de Clouis, regna trois ans, et trespassa l'an six cents soixante-six.

CHILDERIC deuxiesme, frère de Clotaire, regna douze ans, et trespassa l'an six cents septante-huict.

THEODORIC, frère de Childéric, regna seize ans, et trespassa l'an sixc ents nonante-trois.

CLOVIS troisiesme, fils de Théodoric, regna quatre ans, et trespassa l'an six cent nonante-sept.

CHILDEBERT deuxiesme, frère de Théodoric, regna dix-huict ans, et trespassa l'an sept cents quinze.

DAGOBERT deuxiesme, fils de Childebert, regna cinq ans, et trespassa l'an sept cents vingt.

CLOTAIRE quatriesme, fils de Théodoric, et frère de Clouis et de Childebert, et oncle de Dagobert, regna deux ans, et trespassa l'an sept cents vingt-deux.

CHILPERIC, second fils de Childebert, frère de Dagobert, regna après Clotaire son oncle, cinq ans, et trespassa l'an sept cents vingt sept.

THEODORIC, second fils de Dagobert, regna après Chilpéric son oncle, quinze ans, et trespassa l'an sept cents xlij.

CHILDERIC troisiesme, frère de Théodoric, regna neuf ans, et mourut sans hoirs.

PEPIN, fils de Charles Martel, de la lignée de Clotaire second, fut eleu roy, et regna dix-huict ans, et trespassa l'an sept cents soixante-neuf.

Cestuy cy est monté sur vn lyon.

CHARLES le Grand, fils de Pepin Roy, obtint l'empire des Romains, et regna quarante six ans, et trespassa l'an huit cens xv.

LOYS, fils de Charles le Grand, regna Roy et Empereur xxvij ans, et trespassa l'an huict cens xli.

CHARLES second, dict le Chauue, fils de Loys, regna Roy et Empereur trente-sept ans, et trespassa l'an huict cens lxxix.

LOYS second, dict le Balbe, fils de Charles-le-Chauue, regna deux ans, et trespassa l'an huict cens lxxxi.

CHARLES troisiesme, dict le Simple, fils de Loys le Balbe, regna quarante ans, et trespassa l'an neuf cens xxvi.

Soubz ce regne sont cõprins les regnes de Charles-le-Gros et de Eude, côte de Paris.

LOYS troisiesme, fils de Charles-le-Simple, regna vingt-huict ans, et trespassa l'an neuf cens cinquante quatre.

LOTAIRE, fils de Loys, regna trente et un ans, et trespassa l'an neuf cens lxxxv.

LOYS quatriesme, fils de Lotaire, regna trois ans, et trespassa l'an neuf cens quatre-vingts huict sans hoirs.

HUE, dict Cappel, fils de Hue-le-Grand, Comte d'Angers, fut eleu Roy, regna neuf ans, et trespassa l'an neuf cens xcvij.

ROBERT, fils de Hue Cappel, regna xxxiiij ans, et trespassa l'an mil xxxi.

HENRY, fils de Robert, regna xxxviij ans, et trespassa l'an mil cinquante-neuf.

PHILIPPE, fils de Henry, regna xlviij ans, et trespassa l'an mil cent et sept.

LOYS cinquiesme, dict le Gros, fils de Philippe, regna trente-trois ans, et délaissa le royaume à Loys, son fils, l'an mil cent trente-sept.

PHILIPPE second, fils de Loys-le-Gros, regna deux ans durant la vie de son père, et trespassa l'an mil cent trente-deux.

LOYS sixiesme, frère de Philippe, regna quarante et trois ans, et laissa le royaume à Philippe, son fils, l'an mil cent lxxix.

PHILIPPE troisiesme, dict Auguste, fils de Loys, regna quarante-quatre ans, et trespassa l'an mil deux cens vingt et trois.

LOYS septiesme, fils de Philippe-Auguste, regna trois ans, et trespassa l'an mil deux cens vingt-six.

SAINCT-LOYS, fils de Loys, regna glorieusement quarante-quatre ans, et trespassa l'an mil deux cens lxx.

PHILIPPE quatriesme, fils de Sainct-Loys, regna quinze ans, et trespassa l'an deux cens lxxxv.

PHILIPPE, dict le Bel, fils de Philippe, regna trente ans, et trespassa l'an mil trois cens quatorze.

LOYS, dict le Hutin, fils de Philippe-le-Bel, regna deux ans Roy de France et de Navarre, et trespassa l'an mil cccxvi; et Jean, son fils, vesquit sept iours après son père.

PHILIPPE sixiesme, dict le Long, Roy de France et de Navarre, frère de Loys, regna vi ans, et trespassa l'an mil cccxxi.

CHARLES quatriesme, dict le Bel, Roy de France et de Navarre, frère de Philippe, regna cinq ans, et trespassa l'an mil trois cent vingt-six sans hoirs.

PHILIPPE septiesme, dict de Valois, cousin-germain de Charles quatriesme, et nepveu de Philippe-le-Bel, regna vingt quatre ans, et trespassa l'an mil trois cens cinquante.

JEAN, second fils de Philippe, regna quatorze ans, et trespassa l'an mil trois cens soixante-quatre.

CHARLES LE QUINT, fils de Jean, regna seize ans, et trespassa l'an mil trois cens quatre-vingts.

CHARLES sixiesme, fils de Charles-le-Quint, trèsamé et Débonnaire, regna quarante-deux ans, et trespassa l'an mil quatre cens vingt-deux.

CHARLES septiesme, fils de Charles sixiesme, victorieux, très glorieux et biẽ seruy, regna trente-neuf ans, neuf mois. et trespassa l'an mil quatre cens soixante-un.

LOYS unziesme, fils du Roy Charles septiesme, fut Roy l'an mil quatre cents soixante-un, et décéda le vingtquatriesme an de son règne, mil quatre cens quatre-vingts et trois.

Il est à genoux deuãt l'image Nostre-Dame.

CHARLES huictiesme, auguste, liberal et amé, fils de Loys vnziesme, a régné quatorze ans, passa les Alpes, et Naples conquesta, et trespassa l'an mil quatre cens quatre-vingts dix-sept : au rang des preux est raison que mis soit.

LOYS de **VALOIS**, duc d'Orléans, regna Roy douxziesme de ce nom dix-sept ans, et décéda l'an mil cinq cens quatorze.

Ce qui s'en suit doit estre escrit soubz l'effigie du Roy François au Palais.

FRANCOIS premier du nom, restaurateur des bonnes-lettres, arts et sciences, regna trente et trois ans, trois mois, et décéda le dernier iour de Mars, l'an mil cinq cens quarante-six.

Le passage que je viens de rapporter donne donc une connaissance positive et détaillée de cette grande salle du Palais, qui sans contredit était le monument le plus curieux des siècles passés. Le poète Théophile composa, sur un accident aussi grave que l'incendie du Palais, un quatrain burlesque que je ne rapporte que pour faire connaître l'esprit du temps :

Certes ce fut un triste jeu
Quand à Paris dame Justice,
Pour avoir trop mangé d'épice,
Se mit le Palais tout en feu.

Le lendemain de l'incendie, le Parlement ordonna que ceux qui auraient pris ou trouvé des sacs de procès, titres, pièces, registres, ou autres papiers, seraient tenus de les remettre au greffe de la Cour sous *peine de punition ;* il défendit à tout marchand de les acheter. Peu de temps après, un incendie qui menaçait d'avoir des suites aussi funestes se déclara dans l'île Notre-Dame ; il avait été causé par un jeune homme qui s'était imprudemment avisé de tirer des fusées : je ne fais mention de cet accident que parce qu'il donna lieu à un arrêt du Parlement qui défendait, *sous peine de la vie*, de tirer des pétards ou autres pièces d'artifice dans l'intérieur de Paris.

Pour réparer les dommages qu'avait causés l'incendie de 1618, le roi ordonna en 1620 que les terrains vagues qui se trouvaient auprès des fossés Saint-Germain-des-Prés seraient vendus, et que le prix en serait affecté à la reconstruction, qui fut confiée à Jacques Desbrosses, architecte, et terminée en 1622. Cette salle, que l'on admire encore aujourd'hui, a deux cent vingt pieds de longueur sur quatre-vingt-quatre de largeur : les voûtes sont soutenues par un rang de piliers en arcades qui la divise en deux nefs dans sa longueur; elle sert de rendez-vous général à toutes les personnes que leurs affaires appellent au Palais : le nom si expressif de salle des *Pas-Perdus*, sous lequel elle est connue n'a jamais détourné un seul plaideur de venir y échanger sa fortune contre quelques liasses de papier timbré.

Dans la nuit du 11 au 12 janvier 1776, un nouvel incendie éclata dans le Palais ; le feu consuma la Chancellerie, la première chambre des Requêtes, dans laquelle était renfermée la Bibliothèque du Grand-Conseil, qui y avait été transportée pendant l'exil de 1771, et qui n'en avait pas encore été retirée. L'incendie dévora une partie de la seconde chambre des Requêtes, de la Cour des Aides, de son greffe et de celui du tribunal des Eaux-et-Forêts : les marchands éprouvèrent aussi des pertes considérables : pour subvenir aux réparations, on ajouta six deniers et demi à la capitation.

Pour terminer de suite ce que je dois dire sur la Grand'Salle, j'ajouterai les détails suivants.

Ainsi que l'architecte actuel, M. Peyre, l'avait prévu, plusieurs arceaux des voûtes au-dessous de la grande Salle du Palais de Justice menaçaient ruine en 1812 : des voûtes entières avaient fait des tassements considérables, l'une d'elles s'étant écroulée sous les pas d'un magistrat, qui ne dut son salut qu'aux dalles du carrelage, qui ne se disjoignirent pas. La cause de ces dégradations générales provenait de ce que, par une erreur à laquelle on ne peut assigner de nom, Jacques Desbrosses, après l'incendie de 1618, en remplaçant les piliers supérieurs qui ne supportaient que des combles en bois, négligea de placer les nouveaux sur l'axe des piliers des voûtes souterraines dont ils se trouvèrent divergents de plus d'un pied. Cette disposition vicieuse faisait porter à faux sur les reins des voûtes ogives inférieures les libages qui supportaient les bases des piliers supérieurs. La construction générale tendait en conséquence à déverser du côté de la salle de Mai. Les arcs doubleaux des deux grands berceaux de la salle des Pas-Perdus étaient altérés fortement dans plusieurs parties.

M. Peyre remédia à cet état de choses, qui donnait lieu de craindre une progression effrayante, en faisant des arcs doubleaux en soutènement des anciens arcs longitudinaux de l'étage inférieur qui étaient rompus, et en rétrécissant l'une des quatre travées de voûtes de la salle basse, ce qui lui donna le moyen de relier aux anciens piliers inférieurs des piliers butants qui rétablirent le même axe pour les constructions des piliers des deux étages. Une somme de 230,000 francs fut affectée à cette dépense ; les travaux, commencés en 1817 et terminés en 1819, ne se sont élevés qu'à 170,000 francs ; tous les tribunaux aboutissent à cette salle.

Ce travail fut fait avec tant de soins, que, quoiqu'il consistât en partie en reprises en sous-œuvre, on ne fut cependant obligé de poser aucun étrésillon ni chevalement dans la partie supérieure, et que, malgré la pesanteur énorme des grandes voûtes de la salle des Pas-Perdus et des Archives situées au-dessus, qui ne reposent que sur les sept piliers du centre, la construction n'a pas éprouvé le moindre tassement. Le premier magistrat de la ville de Paris fut tellement satisfait de cette réparation, la plus importante de celles qui, depuis plus de soixante ans, avaient été exécutées au Palais de Justice, qu'il fit frapper à ce sujet une médaille. Malgré ces importants travaux, le service des tribunaux n'a pas été interrompu un seul instant.

Lors de la guerre de la ligue, et surtout pendant le siége de Paris, qui en fut la suite, les bourgeois s'assemblaient fréquemment au Palais pour se concerter sur l'état des choses; mais c'est surtout pendant les troubles de la fronde que le Palais devint le théâtre où se passèrent les événements les plus importants. Le parlement y tenait ses séances, et les chefs de la révolte venaient tour-à-tour y prendre des ordres ou en donner. L'épée fut tirée plus d'une fois dans le temple de la justice; et souvent, au moment même que les magistrats qui siégeaient sur les lis s'occupaient de subvenir aux moyens de continuer la guerre entreprise contre la reine régente, les partisans des princes et ceux du coadjuteur se livrèrent plus d'un combat dans la Grand'Salle.

Vers l'année 1660, des laquais, armés d'épées et de bâtons, ayant suivi leurs maîtres jusque dans l'intérieur du Palais, troublèrent l'ordre et commirent diverses violences; le parlement fut obligé de prononcer contre eux des peines et des amendes. Quelques années plus tard, on vit, à plusieurs reprises, des plaideurs armés et accompagnés de suites nombreuses; ils voulaient intimider leurs juges, et suppléer au bon droit par la force. Heureusement pour la génération présente, le récit de ces violences a droit de nous étonner; il fait mieux apprécier le bonheur de vivre dans un temps où de pareils désordres ne peuvent plus se renouveler.

Par suite de sa destination sous nos premiers rois, le Palais de la maison royale avait un capitaine-gouverneur qui se faisait représenter par un bailli. Au mois de janvier 1359, Charles, régent du royaume, duc de Normandie et dauphin de Viennois, confirma les droits des gouverneurs, et leur accorda même seigneurie basse et moyenne dans le Palais, ses dépendances, et dans un espace qu'il détermina. Ces droits étaient assez étendus et fort singuliers; le gouverneur prélevait sur les maisons de la place Saint-Michel et des rues de la Calande et de la Lorberie le chantelage du vin, consistant en quatre deniers parisis sur chaque tonneau, et autant sur chaque muid d'avoine. Lorsque le Roi habitait le palais, le concierge devait encore recevoir chaque jour un setier de vin, douze pains de cour et un de bouche, deux poules, deux pièces de chair, des chandelles pour se coucher, ainsi que le bois, le charbon et les cendres qui se trouvaient dans le palais au moment où le Roi le quittait pour une autre résidence royale.

La conciergerie du Palais reçut ce nom de l'officier ou concierge qui y commandait; elle n'était, dans l'origine, composée que du logement de cet officier; il avait le droit de permettre aux merciers de s'établir au Palais (1); il leur retirait à son gré cette permission, pour l'obtention de laquelle il percevait un droit légal. Il recevait de tout boucher qui s'établissait dans l'étendue de sa juridiction trente livres de bœuf, mouton ou porc, un demi-chapon plumé, un demi-setier de vin et deux gâteaux. Les arbres sur tous les chemins royaux de la prévôté et vicomté de Paris lui appartenaient; il était voyer de toute la Calende, de la place Saint-Michel, et l'on ne pouvait y bâtir sur la rue sans sa permission; il touchait trois sous par jour sur la recette de Paris, et il avait droit chaque année à un muid de blé à prendre dans les greniers royaux des halles de la capitale.

(1) La Salle neuve ou de Lamoignon a été bâtie en 1671 sur un terrain de 1549 toises de superficie, que l'on devait prendre dans le contour de l'ancien jardin de l'hôtel du bailliage du Palais, et qui fut concédé par le Roi (acte du 22 février 1671) à M. le premier président de Lamoignon, à charge de construire une galerie de quarante-quatre toises et demie de long, depuis la façade postérieure des maisons de la rue du Harlay jusqu'au mur de la Connétablie. Cette galerie devait avoir six toises et demie de longueur au-dehors des murs, et sept toises du haut du plancher jusqu'au-dessus du faîte du comble; elle devait être composée au-dedans de boutiques, arrière-boutiques et logements des deux côtés, en laissant néanmoins un passage de quatorze pieds de large entre les comptoirs desdites boutiques pour la commodité du public; elle communiquait avec celle du Palais par la tour où siége la Connétablie. Après l'élévation de cette galerie et de ses dépendances, elle fut partagée entre M. de Lamoignon, cessionnaire primitif, et divers particuliers qui avaient traité avec lui. C'est là que, depuis la fin du règne de Louis XIV jusqu'à la fin du règne de Louis XV, les hommes à la mode se rendaient le matin : les marchands avaient soin de placer dans leurs comptoirs les femmes les plus jolies; ce rendez-vous des gens riches et désœuvrés ne cessa d'être très-fréquenté qu'à l'époque où l'on construisit les galeries du Palais-Royal.

En 1416, la Conciergerie fut réunie au domaine par arrêt du parlement, qui ne conserva à l'officier qui y commandait que les gages anciens de trois sous par jour et du muid de blé qui lui était accordé chaque année. La charge de concierge du Palais et de la Conciergerie fut souvent occupée par des hommes d'une classe élevée, puisque je trouve parmi eux Thibaud de Meseray, Pierre de Marigny, Idier Vouzy, conseiller au parlement, et Jacques Coictier, médecin de Louis XI. Les contestations nombreuses qui depuis si long-temps s'étaient élevées entre les baillis délégués par les concierges du Palais, le prevôt de Paris et les officiers du Châtelet, relativement à l'étendue de leur juridiction et à leurs droits réciproques, furent enfin terminées par un édit de Louis XIV du mois d'octobre 1712, enregistré au parlement dans le courant de décembre suivant. Je remarque que cet édit, qui fixe leurs attributions respectives, enjoint à ceux qui tiennent auberge et chambres garnies dans l'étendue du bailliage du Palais, de faire exactement connaître les noms de ceux qui viennent loger chez eux: un double de ces déclarations était remis, tous les quinze jours, au lieutenant-général de police.

La vue du Palais rappelle encore un souvenir historique des plus importants. Depuis la mort de Charles VI, arrivée le 21 octobre 1422, Isabeau, n'ayant plus ce pouvoir que lui avait donné l'existence du Roi, se vit abandonnée par le duc de Bourgogne, détestée des Français et méprisée des Anglais. Cette haine et ce mépris général qu'elle avait inspirés, le chagrin qu'elle ressentit du triomphe de Charles VII son fils, qu'elle avait poursuivi avec tant d'acharnement, causèrent sa mort. Elle ne put reconnaître sans un vif désespoir, dit l'historien Bussières, « qu'elle avait inutilement tout sacrifié à sa vengeance, foulé aux « pieds les droits les plus sacrés de la nature, pour prendre le titre d'une « ennemie implacable, et que la bonne cause et le courage des partisans de « Charles VII avaient surmonté tous les obstacles, et triomphé de tous les « crimes de la plus méchante des mères. »

A la nouvelle du traité d'Arras, qui devait ramener la paix en France et rétablir sur son trône le Roi légitime Charles VII, elle mourut de saisissement.

Isabelle, princesse belle de corps, mais ambitieuse, mourut dans l'hôtel Saint-Paul à Paris, le dernier septembre 1435; on conduisit le corps dans l'église de Notre-dame; mais à cause de la guerre et des courses qui se fesaient entre Paris et Saint-Denis, après le service fait, ce corps fut mis dans un bateau au port Saint-Landry, et en petite compagnie de ses domestiques, porté sur la rivière de Seine, et enterré là sans autre pompe funèbre. (Registres de la Cour du Parlement. Ann. de Fr.)

Ce 25e jour du mois de septembre, mourut en l'hôtel du roi près Saint-Paul à Paris, dame de bonne mémoire et vraye catholique, madame Isabeau de Bavière, et elle vivant était accompagnée fors des bourgeois et femmes de bien de la ville de Paris, qui l'allaient souvent visiter. (Ann. et Chron. de Fr., par Nicolle Gilles, p. 75.)

Le corps de cette princesse fut présenté sans pompe à Notre-Dame, et déposé ensuite au Palais, où il resta pendant quelques heures dans une salle basse. Au milieu de la nuit, on le transporta sur le bord du fleuve, par le passage du quai de l'Horloge qui donne sur la Seine : il fut embarqué, sans pompe et à la hâte, dans un petit bateau qui le déposa à St-Denis, et enterré dans la chapelle des Rois, auprès de Charles VI, son époux. Quatre cierges seulement furent allumés autour de son corps, et cinq personnes, Jean de Rouvray, châtelain du Pont-de-l'Arche, Robert de Fresnes, Geoffroy Dumesnil, et un chapelain, assistèrent à ses funérailles : telles furent les obsèques d'une Reine de France, mère d'un Roi de France : mais cette Reine était Isabeau de Bavière; celle dont la conduite avait excité l'animadversion générale ne dut trouver à sa mort que l'oubli de toutes les convenances.

Elle en était bien digne, cette étrangère coupable, qui, trahissant tous ses devoirs, changea vingt fois de parti, selon que ses intérêts particuliers ou ses liaisons criminelles la dirigeaient; celle qui abusa de l'ascendant fatal qu'elle avait pris, dès la première entrevue, sur un prince jeune et faible, ascendant que, malgré ses fautes, elle conserva sur lui, alors même qu'il ne jouissait plus de sa raison; celle qui ne se servit de son pouvoir que pour diviser les princes de la famille royale, pour contraindre le père à déshériter le fils, pour attiser le feu de la guerre civile et pour livrer le royaume à l'étranger; qui mendia les secours du duc de Bourgogne, qui se déclara elle-même régente, nomma un chancelier, et créa un parlement qui signa le traité qui excluait le dauphin de la couronne; celle qui, mettant le comble à tous les forfaits, appela la sanction des lois pour légitimer l'œuvre de son iniquité. Ce jugement, porté par les contemporains, a été confirmé par la postérité.

Voici le portrait que Dreux du Radier trace de cette princesse qui fit tant de mal à la France: « La Reine, violente, avare, incapable de modération « dans ses désirs, loin de se servir de son esprit et de ses talents pour remé- « dier aux maux de l'État, et adoucir les malheurs de sa maison et ceux « des Français, ne les employait qu'à allumer le feu qui dévorait tout. « Toujours chef de parti, tantôt dans l'un, tantôt dans l'autre, et ne se « servant de son crédit que pour les malheurs du trône où elle était « parvenue, les désordres de sa conduite égalaient ceux de son cœur. »

Nous avons retrouvé sur l'ancienne *Grand'Salle* une gravure authentique, mais non entièrement terminée, et sur laquelle les extrémités étaient à peine indiquées. Des documents extraits des anciennes chroniques ont suppléé à ce qui nous manquait, et nous ont servi à compléter cette restauration. C'est ainsi que, d'après ces indications, nous avons reproduit la chapelle de Louis XI, qui occupait le côté oriental.

Il est donc prouvé maintenant que l'ensemble de cette salle présentait le même aspect que celui décrit par Corrozet dans ses *Antiquités et Chroniques de Paris;* chacune des colonnes supportait la statue de l'un des Rois de la première, de la seconde ou de la troisième race, depuis Pharamond jusqu'à François I. Cet ensemble, dont l'authenticité ne saurait plus désormais être discutée, présentait une construction correcte et élevée sur le même plan que la salle que nous voyons aujourd'hui. La même disposition était en effet commandée par les localités souterraines : le style de l'architecture était sévère, d'un bon effet; et peut-être, en le comparant avec celui de Desbrosses, reconnaîtra-t-on que l'avantage ne reste pas à ce dernier. Sans récapituler de nouveau les fautes que j'ai signalées à la page 33, je dois encore faire observer que, dans la reconstruction de 1620, l'architecte a eu tort de ne pas reproduire ces vastes cheminées hospitalières et ces bancs qui offraient aux plaideurs, fatigués ou engourdis par le froid, les moyens de reprendre de nouvelles forces pour continuer le cours de leurs sollicitations.

Le lecteur me pardonnera si j'insiste sur l'importance de cette planche : la diversité pittoresque des costumes rappelle fidèlement ceux affectés alors aux différents âges, aux différentes conditions.

Dans une des travées latérales de la nouvelle Grand'Salle est placé le monument élevé à la mémoire de Malesherbes. La reconnaissance et la justice royales se seraient volontiers chargées d'acquitter cette dette sacrée; mais, par une attention toute française, le Prince appela la nation entière à contribuer à ce grand acte, et la part qu'elle voulut y prendre témoigne assez combien elle détesta le crime. Les dessins de ce monument ont été composés par M. Lebas, que l'Académie des Beaux-Arts vient d'admettre dans son sein. La figure principale, les deux statues de la France et de la Fidélité, qui doivent être placées sur les côtés, et le bas-relief destiné à décorer le soubassement, sont exécutés par M. Bosio, premier sculpteur du Roi : l'artiste a représenté dans ce bas-relief l'instant où les trois illustres défenseurs du Roi, Malesherbes, Desèze et Tronchet, viennent de recevoir dans la tour du Temple les derniers ordres du monarque infortuné en présence de l'officier municipal : à cette scène est présent le fidèle Cléry.

C'est une idée ingénieuse de la part du sculpteur que d'avoir placé sur la table une sphère qui rappelle que Louis charmait sa captivité en instruisant ses enfants; l'un apprenait ainsi à connaître un monde auquel il devait bientôt être enlevé; sa fille suivait sur la carte les chemins qu'elle devait plus tard parcourir si péniblement en fugitive, n'ayant pour protection que la fortune d'un Roi errant et proscrit, et pour consolation que les soins touchants dont elle l'environnait. La planche que nous joignons ici rend inutile une description plus détaillée du monument de Malesherbes : les inscriptions qui doivent orner la frise et le stylobate seront composées par l'Académie des Inscriptions et Belles-Lettres : nous espérons, avant la fin de cet ouvrage, pouvoir les faire connaître à nos lecteurs.

Puisque les statues des Rois, ancien ornement de la Grand'Salle gothique, et qui furent consumées par l'incendie de 1618, n'ont pas été relevées, pourquoi ne destinerait-on pas la nouvelle Grand'Salle à recevoir les monuments que l'on érigerait à la mémoire des magistrats vertueux qui honorèrent la France ? On y verrait figurer l'Hôpital, de Thou, Molé, d'Aguesseau, Séguier. Cette idée a dû m'être suggérée par la vue du monument déja élevé dans le même lieu au grand Malesherbes, à ce vertueux citoyen dont la vie entiere fut l'accomplissement de ses devoirs. Appelé dans les conseils par la confiance du prince, il fit entendre le langage de la vérité. Plus tard, lorsque le trône fut renversé, lorsque les jours du monarque, ces jours qui devaient être sacrés, furent dévoués au poignard des assassins, ce vénérable vieillard vint, au péril de sa vie, défendre celle du Roi qu'il avait servi, mais qu'il n'avait jamais flatté dans les temps de bonheur.

Que Malesherbes fut grand ! combien son courage fut supérieur à ces actions auxquelles le vulgaire accorde une admiration irréfléchie ! Cet homme vertueux n'attendait aucune récompense de son dévouement sublime ; il ne daigna pas faire attention aux dangers qui le menaçaient ; il obéit à la voix de son cœur, et il laissa faire aux dieux. Les juges, qu'ai-je dit ? les bourreaux hésitèrent un moment, en voyant un siècle de vertu qui défendait la puissance déchue et abandonnée. Il ne put sauver cette illustre victime ; mais il cimenta bientôt de son sang généreux cette action immortelle. Dans cette enceinte où ses ancêtres et lui rendaient la justice, il dut comparaître devant une ignoble réunion de malfaiteurs qui, par une sanglante saturnale, étaient investis du pouvoir d'assassiner juridiquement Il tomba bientôt après le prince qu'il n'avait pu sauver. Ses derniers moments furent dignes d'une aussi belle vie : le sourire sur les lèvres (1), la paix dans le cœur, Malesherbes monta vers les

(1) En sortant de la Conciergerie pour monter dans la fatale voiture, le pied de Malesherbes heurta

cieux qui l'avaient prêté à la terre. Sa fille, un ange, partagea avec lui la couronne du martyre, et lui prêta un dernier appui pour l'aider, lui qui n'avait plus de force que pour faire le bien, à gravir les marches de l'autel funeste qui le rapprochait du séjour divin. Repos à sa cendre, gloire immortelle à son nom !

Je pourrais proposer de faire participer à cet honneur des hommes justement révérés; mais je me rappelle que j'écris l'histoire, et qu'heureusement la postérité n'est pas encore commencée pour ces dignes contemporains. Honorer les magistrats qui consacrèrent leur existence à protéger le faible, à défendre la veuve et l'orphelin, c'est agir dans l'intérêt de la morale; car les distinctions dont on entoure leur mémoire acquittent la dette de la société, et donnent aux vivants le désir de marcher sur leurs nobles traces.

contre la partie basse de la porte : il se tourne vers sa petite-fille, et lui dit en souriant : *Ceci est d'un mauvais augure : à ma place, un Romain rentrerait.* Le malheureux, il supposait la possibilité de rentrer dans son cachot, et il feignait d'ignorer que la mort avait fermé derrière lui une porte qui ne devait plus se rouvrir!

Palais de Justice.

Monument érigé à Malesherbes dans la grand' Salle.

CONCIERGERIE.

La Conciergerie a la même origine que le Palais de Justice; elle fut construite à la même époque, et elle n'en était qu'une dépendance; car depuis les temps de la première race, les palais des rois, les châteaux des grands feudataires et ceux des hauts barons ou seigneurs, étaient tout ensemble des lieux fortifiés d'habitation et de détention. Le concierge du Palais était en même temps chef de la juridiction du bailliage du Palais; aussi portait-il le titre de bailli : dans la seconde livraison j'ai dit quels étaient ses priviléges : il avait encore sous son inspection immédiate les prisons de la Conciergerie, sur lesquelles cependant le parlement exerçait une haute juridiction. Les concierges ou geôliers en chef s'arrogeaient dans ces temps un pouvoir absolu sur les prisonniers, qu'ils taxaient à leur volonté pour la nourriture et pour les objets d'ameublement qu'ils leur fournissaient. Dans les quatorzième et quinzième siècles, on vit des geôliers se permettre de retenir les prisonniers acquittés, jusqu'à ce qu'ils eussent payé *le mémoire de geôlage,* c'est-à-dire jusqu'à ce qu'ils se fussent libérés des dettes qu'ils avaient été obligés de contracter pendant leur séjour à la Conciergerie : enfin des geôliers refusèrent même aux prisonniers les secours de la religion. Ces horribles abus de pouvoir éveillèrent l'attention du parlement, qui, au commencement du seizième siècle, enjoignit aux geôliers *de bien doucement et humainement traicter les prisonniers; leur bailler paille et eau, leur pourvoir de gens d'église.*

Le 31 juillet 1543, sur le rapport de deux conseillers, dont je regrette de n'avoir pu, malgré toutes mes recherches, retrouver les noms, le parlement ordonna que, dans la chambre désignée sous le nom d'infirmerie de la Conciergerie, on placerait des lits pour les prisonniers malades qui languissaient sur la paille. En 1548, à la suite d'une maladie épidémique qui se déclara dans l'intérieur de la Conciergerie, et qui fit périr un grand nombre de prisonniers, ceux qui n'étaient détenus que pour des causes civiles furent, par ordre supérieur, placés dans des maisons particulières, et les prisonniers accusés de crimes d'état furent transférés aux grand et petit Châtelet. Le parlement ordonna que les immondices de la Conciergerie seraient enlevées, et que le préau et les cachots seraient nettoyés.

En 1814, aucune amélioration n'avait encore été apportée à l'état intérieur de la Conciergerie; elle présentait le spectacle le plus affligeant. Des cachots humides, des pièces privées d'air, où était réunie une grande quantité de détenus; des chambres sombres; une cour malsaine, où du haut des combles tombaient les eaux pluviales, qui dégradaient le pavé; des plafonds menaçant ruine : tels étaient les inconvénients signalés par les magistrats. Depuis 1540 jusqu'en 1750, on s'était encore servi des cachots souterrains, même de ceux qui étaient creusés sous les réservoirs, et dans lesquels tombaient leurs infiltrations.

Derrière la tour de Montgommery, au-dessous de laquelle se trouvait le cachot de Damiens, et au fond de la salle située au-dessous de celle occupée par la Cour de cassation, étaient pratiqués, sous des voûtes ajoutées à la construction première, deux rangs de cachots qui pouvaient contenir, sur des lits de camp, chacun cinquante prisonniers, en tout quatre cents personnes. Ces horribles cachots où le jour ne pénétrait que par des soupiraux et à travers six rangées de grilles, étaient privés d'air. C'est là que furent entassées les dernières victimes du tribunal révolutionnaire: on y précipitait les malheureux qui devaient paraître le lendemain devant ce tribunal de sang; ils y montaient par un escalier particulier qui aboutissait de ces cachots mêmes à la salle où leur assassinat juridique était si promptement prononcé; et par cette précaution bien digne des monstres qui commandaient alors, les prévenus passaient inaperçus de leur tombeau vivant jusqu'à cet antre de crimes, sans que leur vue pût exciter la pitié. Quoique ces cachots eussent conservé leur entrée par la Conciergerie, cependant depuis la mort de l'affreux Robespierre, ils avaient été abandonnés.

A l'époque de la restauration des voûtes souterraines, M. le préfet du département de la Seine ordonna la démolition de ces cachots qui pouvaient être supprimés sans compromettre en rien la solidité de cette partie de l'édifice, puisque leur construction, ainsi que je l'ai fait remarquer, n'avait été qu'accessoire, et ne se rattachait pas au plan primitif. C'est ici le lieu de rapporter le fait suivant : Avant de procéder à la consolidation des piliers inférieurs de la grande salle, l'architecte actuel fit fouiller au pied du dernier pilier du côté de la Conciergerie, pour s'assurer que les tassements qui avaient lieu dans la partie supérieure ne provenaient pas des fondations. Les fouilles furent poussées à plus de quinze pieds de profondeur; là, on trouva, dans la largeur d'une toise carrée, trois fosses et plusieurs fragments de squelettes qui y furent replacés à l'instant. Il faut remarquer que ces fosses avaient été creusées juste en dessous de cette même salle où se trouvait la table de marbre devant laquelle se prononçaient les jugements; et cette circonstance donne plus de vraisemblance à la relation historique sur la mort des premiers chevaliers du Temple qui, à ce que l'on rapporte, furent assassinés à cette même place avant l'exécution de Jacques Molay, grand-maître de l'ordre. Cette salle d'ailleurs, par sa destination, n'a jamais pu servir de sépulture.

M. le comte de Chabrol, préfet du département de la Seine, frappé des inconvénients que présentait l'état de la Conciergerie, approuva les projets d'améliorations, présentés par M. Peyre; ils viennent d'être exécutés sous la direction de M. le vicomte Héricart de Thury et sous la surveillance de M. Bonneau, inspecteur général des prisons, auquel on doit la plus grande partie des nouvelles dispositions, et dont on ne saurait trop louer le zèle et l'humanité.

L'entrée extérieure de la Conciergerie a été portée sur le quai de l'Horloge, auprès des deux tours : les juges n'auront plus ainsi les yeux frappés du triste spectacle que présente la sortie des condamnés, les jours d'exécution. On parvient maintenant dans la nouvelle prison par un préau vaste et commode, à côté duquel se trouvent le greffe et les salles de dépôt des condamnés; ce préau servait de salle des gardes sous le règne de saint Louis. En face de l'entrée se trouve le parloir des avocats. Au fond, une vaste galerie, construite sous la salle des Pas-Perdus, sert à la communication principale entre la Conciergerie des hommes et celle des femmes. Sous les anciens portiques de gauche, à la place des chambrées obscures et malsaines, sont établies deux rangées de cellules, dont chacune ne contient qu'un prisonnier; elles donnent sur des corridors qui règnent dans le pourtour de la Conciergerie, et qui ne sont fermés que par des grilles, pour faciliter la circulation de l'air.

La Conciergerie n'est pas une prison ordinaire; c'est une maison de justice où l'on dépose les accusés extraits des autres prisons de la capitale, et qui doivent bientôt paraître devant leurs juges. La population moyenne de la Conciergerie est de 100 à 120 hommes et de 30 à 40 femmes: cette population se renouvelle deux ou trois fois par mois, selon le nombre de sessions de la cour d'assises. La proportion des personnes acquittées est dans le rapport du quart au tiers des prévenus. Chacune des cellules dont je viens de parler, d'une grandeur suffisante, et occupée par un seul détenu, est éclairée par une fenêtre de trois pieds de hauteur sur deux pieds de largeur; elle est pourvue des objets suivants: une couchette, un matelas, une paillasse, un traversin, un drap en sac, un siége et une tablette pour déposer les effets du prisonnier; un guichet pratiqué à la porte facilite la surveillance. Au rez de chaussée à droite, des promenoirs vastes et commodes, au centre desquels sont des tables de pierre, permettent dans tous les temps l'exercice nécessaire à la santé des prisonniers. Ces tables sont celles sur lesquelles saint Louis distribuait de sa propre main, aux pauvres, des vivres à plusieurs époques de l'année.

Les deux tours qui flanquent la cour de la Conciergerie du côté du quai de l'Horloge ont reçu une destination utile: j'ai retrouvé dans celle dite la *Tour d'Argent,* parce que le trésor de saint Louis y était placé, des sculptures qui remontent au treizième siècle; elles sont remarquables par le goût et la finesse d'exécution. La Conciergerie des femmes, totalement séparée de celle des hommes, est également divisée en cellules: au milieu de la cour est un gazon entouré de barrières; une fontaine est placée à côté. Tel est l'état actuel de la Conciergerie: les heureuses améliorations que l'on vient d'y introduire paraissent encore plus sensibles, lorsqu'on se rappelle ce qu'elle était autrefois. Des corridors à peine éclairés par des lampes allumées sans cesse; des cachots humides, des chambrées insuffisantes pour le nombre de prisonniers qui y étaient entassés: voilà ce que l'on trouvait à la Conciergerie il y a douze années. Aujourd'hui les cachots ont été comblés; des grilles ont remplacé les murs épais; chaque prisonnier occupe seul une cellule; l'air et le jour circulent dans toutes les parties du bâtiment. J'ai visité les prisons de l'Angleterre, de l'Allemagne, de la Hollande et de la Suisse, et je puis avancer, sans craindre d'être contredit, qu'aucune d'elles ne saurait supporter la comparaison avec la nouvelle Conciergerie.

Cette demeure du crime a été sanctifiée par la présence de deux illustres victimes : Marie Antoinette, reine de France, et Madame Élizabeth de France, sœur du vertueux Louis XVI, y ont été enfermées. Quel sentiment de douleur n'éprouve-t-on pas à la vue des cachots dans lesquels elles furent plongées! Il est du devoir de l'historien de rappeler ces infortunes, non pour perpétuer les haines, mais pour donner de grandes leçons.

Un monument expiatoire a été élevé dans le cachot de la Reine sur les dessins de M. Peyre : on y pénètre par un petit vestibule ouvert dans la chapelle derrière le maître-autel : sur les côtés sont placés deux cippes à la mémoire de Louis XVI et de Madame Élizabeth; ils portent leurs médaillons. Le jour pénètre par une baie recouverte en partie de draperies noires et argent, surmontées des armes de France et de celles de la Reine. Sur une table de marbre blanc, on lit l'inscription suivante dans laquelle Louis XVIII a rappelé les malheurs et célébré le courage et les vertus d'une royale victime.

HOC IN LOCO
MARIA ANTONIA JOSEPHA JOANNA AUSTRIACA,
LUDOVICI XVI VIDUA,
CONJUGE TRUCIDATO,
LIBERIS EREPTIS
IN CARCEREM CONJECTA
PER DIES LXXVI. ÆRUMNIS LUCTU ET SQUALORE ADFECTA,
SED
PROPRIA VIRTUTE INNIXA,
UT IN SOLIO, ITA ET IN VINCULIS
MAJOREM FORTUNA SE PRÆBUIT.
A SCELESTISSIMIS DENIQUE HOMINIBUS
CAPITE DAMNATA,
MORTE JAM IMMINENTE
ÆTERNUM PIETATIS, FORTITUDINIS OMNIUMQUE VIRTUTUM
MONUMENTUM HIC SCRIPSIT,
DIE XVI OCTOBRIS MDCCXCIII.
RESTITUTO TANDEM REGNO
CARCER IN SACRARIUM CONVERSUS
DICATUS EST.

A. D. MDCCCXVI, LUDOVICI XVIII, REGNANTIS ANNO XXII.
COMITE DE CAZES A SECURITATE PUBLICA REGIS MINISTRO,
PRÆFECTO ÆDILIBUSQUE CURANTIBUS
QUISQUIS HIC ADES
ADORA ADMIRARE PRECARE.

L'extrait suivant de la lettre de la Reine à Madame Élisabeth est gravé sur une seconde table de marbre, placée au-dessous de la première.

QUE MON FILS N'OUBLIE JAMAIS LES DERNIERS
MOTS DE SON PÈRE, QUE JE LUI RÉPÈTE EXPRESSÉMENT.
QU'IL NE CHERCHE JAMAIS A VENGER NOTRE MORT.
JE PARDONNE A TOUS MES ENNEMIS LE MAL
QU'ILS M'ONT FAIT.

Communiqué par le Roi aux Chambres, le XXI février MDCCCXVI.

Dans le fond du cachot est un tableau représentant la Reine à la Conciergerie; deux autres tableaux retracent les adieux de la Reine et de Madame Élisabeth et la Communion de Marie Antoinette. L'architecte s'est fait un devoir de conserver l'ancien carrelage en briques de cette prison; il est encore empreint des pas de l'auguste captive. La vue de ces lieux rappelle à la mémoire effrayée l'un des plus grands forfaits de la révolution. Marie Antoinette étonna ses bourreaux par une fermeté héroïque : le sentiment intime de son innocence et les consolations de la religion purent seuls inspirer à cette malheureuse princesse ce courage sublime qui fit pâlir ses assassins.

Avant de passer à la description de la Sainte-Chapelle, je parlerai de la grille du Palais de Justice, qui occupe toute la largeur de la grande cour, sur la rue de la Barillerie. Ce morceau de serrurerie, d'un travail admirable, fut érigé après le dernier incendie du Palais, sur les dessins de M. Desmaisons, architecte du Roi; il coûta plus de six cent mille francs. Tous les ornements et le couronnement qui le décoraient furent détruits pendant la révolution, parce qu'ils présentaient des emblémes de la royauté. Le peu de soin qu'on prit pour préserver les panneaux de cette grille, causa la corrodation des vantaux, qui auraient fini par se désassembler tout-à-fait. Il a fallu les démonter, ressouder toutes les parties basses et les montants, et même refaire entièrement à neuf les panneaux du bas ainsi que presque toutes les pièces de relevé qui composaient le couronnement : la grille, entièrement restaurée, présente aujourd'hui l'aspect le plus imposant.

LA SAINTE CHAPELLE.

Saint Louis, devenu possesseur de plusieurs saintes reliques, voulut qu'elles fussent mises en dépôt dans un lieu spécialement consacré. Il existait depuis long-temps, dans l'enceinte du Palais, des églises ou plutôt des chapelles particulières. Voici ce que Sauval rapporte à ce sujet:

« La chapelle sur l'emplacement de laquelle la nouvelle fut construite, avait « été premièrement fondée par Robert, fils de Capet, en 1022, sous le nom de « Notre-Dame de l'Étoile, à cause de l'ordre des chevaliers de l'Étoile et de Saint- « Nicolas. Saint Louis la fit rebâtir en 1245, et lui donna le nom de Sainte-Cha- « pelle. En 1022, le roi Robert y avait institué l'ordre de Notre-Dame de l'Étoile, « appelé communément des chevaliers de l'Étoile, qui depuis fut aboli par « Charles VII à Clichy. M. Ogier, dans ses Panégyriques, dit que la nouvelle église « est le chef-d'œuvre de tous les temples que saint Louis a bâtis, le plus superbe « et magnifique édifice qui soit deçà les monts. Ce bon Roi, ayant recherché « avec un soin et une dépense incroyables les instruments de la Passion du « Fils de Dieu, les organes de notre salut et les armes de sa victoire et de son « triomphe, voulut en ériger un trophée digne de ses combats. En quoi, certes, « il faut avouer que sa piété a été heureusement secondée par l'industrie des « architectes. Ils ont en effet surpassé la portée de leur siècle, même ils sont « l'admiration du présent, et il semble qu'une main plus qu'humaine a travaillé « pour un sanctuaire destiné à garder de si vénérables reliques. »

Selon d'autres historiens, il existait anciennement dans le Palais une chapelle fondée par Louis-le-Gros, vers le commencement du onzième siècle, sous le titre de Saint-Nicolas, et un oratoire sous l'invocation de la Vierge, bâti en l'année 1154 par Louis-le-Jeune; en 1237, saint Louis y déposa provisoirement la sainte couronne d'épines qu'il tenait de l'empereur Baudouin. La translation se fit en grande pompe; le 18 août 1239, saint Louis se dépouilla des habits royaux, et, vêtu d'une simple tunique, les pieds nus, il voulut se charger avec son frère, le prince Robert, de porter la sainte relique. Ils étaient précédés par les premiers dignitaires de l'Église et par les plus grands seigneurs de la cour. Le Roi, après avoir été chercher la sainte couronne, qui, à son arrivée à Paris, avait été confiée à l'abbé de Saint-Antoine-des-Champs, fut la déposer processionnellement à la chapelle Saint-Nicolas, située dans l'enceinte du Palais. Le saint monarque résolut alors d'élever une église spécialement consacrée à recevoir ce trésor de piété, ainsi qu'un morceau de la vraie croix apporté à Constantinople par sainte Hélène, et qui avait été également donné par l'empereur Baudouin.

> Pour lesquelles reliques il fist fere la chapelle à Paris, en laquelle l'en dit qu'il despendit bien quarante mille livres tournois et plus. Et il benaiez rois aovrna d'or et d'argent et de pierres peécieuses et d'autres joiaux, les lieux et les châsses où les saintes reliques reposent. Et croit l'en que les aournemens desdites reliques valent bien cent mille livres tournois et plus.

La destination de ce monument décida le Roi à lui donner le nom de Sainte-Chapelle; il fut construit sur l'emplacement même de la chapelle Saint-Nicolas, d'après les dessins et sous la direction de Pierre de Montreau, ou de Montreuil, architecte célèbre.

En même temps qu'il songeait à bâtir la Sainte-Chapelle, saint Louis voulut y établir un collége d'ecclésiastiques pour la desservir; et, sur sa demande, le pape Innocent IV lui accorda à cet effet quatre bulles en l'an 1243. La première défend à toutes personnes d'interdire la Sainte-Chapelle ou de lancer contre elle et ceux qui la desservent, présents et à venir, aucune sentence d'excommunication, de suspense ou d'interdit, sans un ordre exprès du saint Siége. Les trois autres accordent des indulgences à ceux qui visiteront la Sainte-Chapelle à des jours indiqués. Au mois de janvier 1245, saint Louis fit expédier les lettres de fondation (*a*), d'après lesquelles il devait y avoir cinq principaux prêtres ou maîtres chapelains, y compris le titulaire de l'ancienne chapelle, et des marguilliers qui devaient être diacres ou sous-diacres.

En 1247, l'empereur Baudouin, venu en France pour implorer les secours des Rois d'Occident et se trouvant à Saint-Germain-en-Laye, confirma par lettres de cession authentiques, datées du mois de juin, le don fait à saint Louis des reliques déposées à la Sainte-Chapelle : elles étaient signées par l'Empereur en caractères grecs, avec du cinabre (*), et scellées de son sceau d'or. Le dimanche après Pâques, 25 avril 1248, saint Louis fit faire la consécration de la Sainte-Chapelle avec une grande pompe; celle d'en haut, en l'honneur de la sainte couronne et de la sainte croix de Notre-Seigneur, par Eudes ou Édon, évêque de Tusculum, ou Frascati, légat du saint Siége, et celle d'en bas sous le titre de la sainte Vierge, par Philippe Berruyer, archevêque de Bourges. Après la cérémonie, les archevêques et évêques accordèrent une année d'indulgence à ceux qui visiteraient la Sainte-Chapelle le jour anniversaire de la consécration, au mois de juin suivant.

La même année, saint Louis se trouvant à Aigues-Mortes, expédia de cette ville de nouvelles lettres patentes qui confirmaient celles de 1245, et qui augmentaient le nombre des marguilliers, qui furent portés à trois; il les obligea d'avoir chacun un élève diacre ou sous-diacre (*b*). Il établit de plus, que lui ou ses successeurs choisiront parmi les principaux chapelains ou marguilliers un chef auquel tous ceux qui sont attachés à la Sainte-Chapelle seront tenus d'obéir. En vertu de lettres accordées en 1263, les chapelains avaient pris le nom de chanoines, ils ne furent cependant qualifiés ainsi qu'en 1318. Au mois de décembre 1271, Philippe-le-Hardi, en exécution du testament de la reine Isabelle sa femme, fonda dans la Sainte-Chapelle une sous-chapellenie pour le repos de l'âme de la Reine. Philippe-le-Bel augmenta les dotations accordées à cette chapellenie. Par une bulle, en date du 24 mai 1272, le pape Grégoire X exempta la Sainte-Chapelle et les personnes à son service de toute juridiction, les soumettant immédiatement au saint Siége, ce qui n'empêcha pas l'archevêque de Sens, métropolitain du siége de Paris alors vacant, d'élever des dif-

(*) Cinabro, *sacrum incaustum*, encre particulière à l'usage des Empereurs pour signer les rescrits. Les sujets ne pouvaient s'en servir sans encourir la peine de lèse-majesté en second chef.

ficultés lors du mariage de Marie de Brabant, qui, après avoir épousé en secondes noces Philippe-le-Hardi, fut sacrée et couronnée le 23 juin 1275, dans la Sainte-Chapelle, par Pierre de Barbet, archevêque de Reims, choisi par le Roi pour cette cérémonie. La contestation fut portée devant le Roi, qui déclara que la Chapelle du Palais étant exempte de la juridiction de l'archevêque de Paris, le Roi, en sa qualité de fondateur, avait le droit de désigner les prélats qui lui convenaient pour semblables cérémonies. La mémoire de ce couronnement fut conservée par une médaille dont l'exergue porte ces mots: ORAT. CÆR. *Oratorium Cæsaris.* Le champ de la médaille représentait Marie de Brabant aux genoux du prélat, qui lui posait la couronne sur la tête. Les Rois de France accordèrent successivement aux chanoines de la Sainte-Chapelle, des droits fort avantageux. Par une bulle du 6 novembre 1285, le Pape les exempta, ainsi que les chapelains, de la prestation des décimes autres que les redevances auxquelles les légats pouvaient avoir droit.

Plusieurs faits viennent confirmer les immunités reconnues de la Sainte-Chapelle. Le 15 juin 1292, le mariage de l'empereur Henri VIII y fut célébré en présence du Roi, par Simon de Bucy, évêque de Paris, qui officia pontificalement; mais, par un acte authentique scellé de ses armes, il déclara devant la chambre des comptes à Grégoire de Meulan, trésorier de la Sainte-Chapelle, que la bénédiction nuptiale qu'il avait donnée, et que le service qu'il avait célébré, ne pouvaient porter atteinte aux franchises de cette église et aux droits établis des ecclésiastiques qui y sont attachés, car il reconnaissait la Sainte-Chapelle exempte de la juridiction de l'ordinaire.

Le règne de saint Louis est sous tous les rapports une grande époque; ceux des hauts barons qui n'avaient pas péri en Orient étaient ruinés, et par cette raison saint Louis se trouva plus maître à son retour qu'au moment du départ; car il n'avait plus autour de lui de seigneurs assez puissants pour s'opposer à l'exécution de ses desseins. C'est alors qu'il institua les quatre grands bailliages de Vermandois, de Sens, de Saint-Pierre-du-Moûtier et de Mâcon, pour juger en dernier ressort les appels des justices des seigneurs, contraints de souffrir cette extension de la puissance royale, extension qui était toute dans l'intérêt du peuple. Ainsi donc, les barons, qui avant ce temps jugeaient souverainement dans leurs terres, furent alors obligés de permettre que l'on appelât de leurs arrêts au bailliage du Roi.

Cette première tentative fut suivie avec constance sous le règne de Philippe-le-Bel, petit-fils de saint Louis. Comme on avait appelé du nom de *Parlements* ces parloirs du Roi, ces conseils où il ne s'agissait pas des intérêts de l'État, les vrais parlements, c'est-à-dire les assemblées de la nation, ne furent plus connus que sous le nom d'États-Généraux, dénomination beaucoup plus convenable à une réunion d'hommes qui représentaient la nation, et qui traitaient d'intérêts publics. Philippe-le-Bel appela pour la première fois le Tiers-État à ces grandes assemblées, en 1302. Des intérêts majeurs devaient en effet s'y traiter, car il s'agissait de procurer de l'argent à la couronne, et de s'opposer aux prétentions du pape Boniface VIII, qui menaçait le Roi de France de le déposséder. Le 28 mars 1302, les communes, sous le nom de Tiers-État, assistèrent donc par députés aux États-Généraux, dans l'église de Notre-Dame.

Un édit de Philippe-le-Bel, à la date de 1305, porte ces mots : « *Propter commodum subditorum nostrorum et expeditionem causarum, proponimus ordinare quòd duo parlamenta Parisiis, duo scararia Rhotamagi, dies Trecenses bis tenebuntur in anno; et quòd parlamentum Tolosæ tenebitur sicut solebat teneri temporibus retroactis.* » — « Pour le bien de nos sujets et l'expédition des procès, nous nous proposons d'ordonner qu'il se tienne deux fois l'an, deux parlements à Paris, deux saccaires (échiquiers) à Rouen, des journées (grands jours) à Troyes, et un parlement à Toulouse, tel qu'il s'en tenait anciennement. »

Lorsque Philippe-le-Bel voulut rendre son parlement sédentaire à Paris, il lui céda son palais, et vint habiter au Louvre. Après que saint Louis eut été canonisé en 1297, deux services solennels furent fondés en son honneur. Pour rendre plus assurés les droits des chapelains de la Sainte-Chapelle, ce prince obtint, en 1304, une bulle de Benoît XI, qui, confirmant exemption de toute juridiction, la déféra au trésorier avec la cure des âmes sur les chanoines, et sur les chapelains et clercs. En 1320, l'enclos du Palais était occupé par les personnes du collége de la Sainte-Chapelle, dont les maisons aboutissaient presque toutes à la rivière de Seine, par les jardins sur lesquels on a ouvert la rue Saint-Louis : cinq autres officiers du Roi y avaient leur logement, et y restèrent même après que Philippe-le-Bel l'eut abandonné. Diverses ordonnances rendues au sujet de la garde du Palais et de la Sainte-Chapelle, font connaître toute l'importance que les Rois attachaient à leur sûreté; elle attira même l'attention du pape Jean XXII, qui, en exemptant la Sainte-Chapelle de la juridiction de l'ordinaire, empiéta sur l'autorité royale, en attribuant au trésorier un pouvoir temporel, puisqu'il mit sous sa dépendance le juré trompette, guette et sous-guette du Palais chargés de sonner tous les soirs à heure prescrite pour faire fermer les portes : ils devaient loger dans l'enceinte. Plus tard, il fut ordonné que les artisans de certains métiers désignés feraient le guet chaque nuit dans les cours du Palais, et le nombre, dit l'ordonnance, en fut fixé à : *six à notre cour du Palais allants et venants.* En 1587, on fixa le lieu où devait être assis le guet *du côté de la Sainte-Chapelle, pour la sûreté des reliques et des titres de la couronne qui y sont déposés.*

L'office de grand chantre de la Sainte-Chapelle, rendu célèbre par Boileau, avait été institué en 1319 (*c*) par Philippe-le-Long, et confirmé l'année suivante en faveur de Gilles Condé ou Condet, chanoine. Le grand chantre avait inspection sur tout ce qui concernait le chant, la lecture et la *bienséance :* Il était ordonné aux trésorier et chanoines d'assigner au chantre une place honorable au chœur, et aux chapelains et clercs de lui obéir en tout ce qui concerne l'office. Le chantre était obligé à résidence continuelle. Les cinquante livres de revenu dont il jouissait, lui étaient distribuées par le trésorier en proportion des obligations qu'il avait à remplir. Depuis la mort de Michel Fontaine, prêtre, chanoine et chantre de la Sainte-Chapelle, Charles VI donna la chantrerie à des personnes qui, n'étant pas chanoines, n'avaient pas le pouvoir de remplir dignement cet emploi, ce qui apporta du désordre dans la célébration du service divin. Pour y remédier, ce même Roi ordonna, par lettres patentes du mois de mai 1405, que désormais la chantrerie serait élective; qu'à la mort du chantre, le trésorier convoquerait ses confrères les chanoines, le plus tôt qu'il serait possible, qu'ils éliraient un chantre, et qu'ils le présenteraient au Roi. En 1379, Clément VII, reconnu en France pour pape, avait accordé au trésorier de la Sainte-Chapelle le privilége d'user de la mitre, de l'anneau et des ornements pontificaux, avec pouvoir de donner au peuple la bénédiction dans les processions solennelles qui se font dans l'enclos du Palais, pourvu toutefois que le légat, l'archevêque de Sens ou celui de Paris ne fussent pas présents.

Les bénéfices et dotations de la Sainte-Chapelle furent augmentés par les successeurs de saint Louis. Pour assurer aux chapelains la jouissance de leurs avantages, Philippe V ordonna que la prevôté et son trésor de Paris ne seraient plus chargés du service des cens différents, montant ensemble à mille sept cent cinquante-deux livres dix-neuf sols trois deniers tournois, et il les assit sur les fermes féodales et sur les revenus de la couronne dans les vicomtés de Caen et de Bayeux. Philippe-le-Long confirma les chanoines de la Sainte-Chapelle dans la possession de plusieurs rentes acquises par eux ou qui leur avaient été léguées sur des maisons à Paris; « et pour les encourager à continuer avec « ferveur et assiduité le service divin, il prit, eux, leurs familles et leurs biens, « sous sa protection spéciale. » Cependant les principaux revenus de la Sainte-Chapelle, assignés sur les vicomtés de Caen et de Bayeux, s'étant trouvés plus tard anéantis par suite de l'invasion des Anglais en Normandie, Charles VII, par lettres datées de Bourges le 10 décembre 1438, lui fit don de toutes les régales, et des droits qui en dépendent, pour les employer aux réparations et à l'entretien de la fabrique et du luminaire, à la nourriture des enfants de chœur, et autres besoins de la Sainte-Chapelle.

Les dispositions de l'ordonnance de Charles VII furent confirmées et continuées par Charles VIII en 1483 (*d*), et en 1498 par Louis XII.

Plus tard, pour récompenser ceux des enfants de chœur qui avaient passé leur jeunesse au service de cet établissement pieux, le trésorier en choisissait deux parmi ceux qui se montraient les plus aptes à l'étude, et il les présentait au confesseur du Roi, pour être par lui pourvus de bourses dans l'un des colléges de Paris. Voici quel était en 1725 l'état du personnel de la Sainte-Chapelle : un trésorier, le chantre, douze chanoines composant le chapitre, treize chapelains et treize clercs des trésorier et chanoines, six chapelains perpétuels, huit enfants de chœur, leur maitre, grand-maitre, et autres officiers inférieurs; le chantre était élu par le trésorier et les chanoines; il devait être confirmé par le Roi.

En 1730, le trésorier de la Sainte-Chapelle jouissait d'un revenu de sept mille livres ; celui des canonicats était depuis deux mille livres jusqu'à quatre mille livres : tous les bénéficiaires étaient logés dans les bâtiments dépendants, ainsi que les ecclésiastiques pourvus des chapelles perpétuelles, dont le produit était au moins de quinze cents livres pour chacune d'elles.

L'église de la Sainte-Chapelle, à considérer dans ses parties différentes, offre toute la régularité, toute l'élégance, qui distinguent l'architecture sarrasine la plus correcte et la mieux entendue. Elle ne paraît supportée que par de faibles colonnes. Les voûtes, d'une hardiesse surprenante, ne sont soutenues par aucun pilier dans œuvre, quoique le vaisseau soit très-exhaussé, et qu'il y ait deux églises l'une sur l'autre.

La chapelle inférieure servait aux habitants de la cour du Palais; la chapelle supérieure, destinée au Roi, à la Reine et à leurs officiers, a cent dix pieds de longueur, vingt-sept pieds de largeur; et la hauteur des deux étages, qui est de cent dix pieds, égale la longueur totale de l'édifice. La charpente est belle et hardie : le clocher, l'un des plus élevés de Paris, était remarquable par sa légèreté; il souffrit beaucoup des suites de l'incendie de 1618; plus tard on fut obligé de le démolir. Quatre arcades occupent la largeur intérieure de l'église jusqu'au rond-point, qui en compte sept. La lumière pénètre par des trumeaux ou jambages, de quatre pieds environ, et dont les lacis variés sont très-beaux. Les vitraux, d'un ton clair obscur, ont toujours été remarqués par leur prodigieuse élévation et la vivacité des couleurs qui, aujourd'hui encore, ont un éclat extraordinaire. Leur solidité est telle, qu'après cinq siècles et demi ils sont dans un état parfait de conservation. La construction de ce monument a coûté quarante mille livres tournois, qui représenteraient aujourd'hui huit cent vingt mille francs. L'acquisition des reliques et l'ornement des châsses revinrent à plus de trois millions de francs.

Il n'est pas d'église, à Paris, dont la spoliation soit autant à regretter que celle de la Sainte-Chapelle, qui renfermait un nombre considérable de monuments et d'objets précieux. La religion et les arts se réunissent pour déplorer la perte de ces richesses qui nous avaient été léguées par la piété de nos pères, et que le sacrilége et le vandalisme ont dispersées, à la honte du siècle qui a souffert une profanation aussi odieuse. On admirait dans la nef une Notre-Dame-de-Pitié, considérée comme le chef-d'œuvre de Germain Pilon. Aux deux côtés de l'entrée du chœur se trouvaient deux tableaux en émail formés de cartouches différents et représentant la Passion de Notre-Seigneur. Les émaux avaient été exécutés en 1553, sur les dessins du Primatice, par Léonard le Limousin. Le compartiment du milieu avait dix-huit pouces de hauteur sur onze de largeur : l'un de ces tableaux représentait Henri II et la reine Catherine de Médicis, un autre François Ier et la reine Éléonore son épouse, sœur de l'empereur Charles-Quint. Le dessin de ces compositions n'était pas d'une correction parfaite, et telle qu'on pourrait l'exiger aujourd'hui; mais l'état du coloris rendait ces tableaux fort précieux : les morceaux exécutés à cette époque sont encore très-recherchés.

Du côté de l'épître se trouvait l'oratoire de saint Louis : c'était une petite chapelle où ce monarque se retirait pour entendre l'office. Sur l'autel on remarquait un tableau représentant l'intérieur de la grande châsse avec toutes les reliques, telles qu'elles y étaient rangées, et saint Louis agenouillé devant elles. Au fond du chœur était le maître-autel, construit à la romaine, dans un carré marqué par quatre colonnes de marbre noir et revêtues de chapiteaux surmontés d'anges en bronze. Au-dessus du maître-autel, sous la crosse de l'ostensoir, on apercevait le modèle de l'église de la Sainte-Chapelle exécuté en vermeil, dans la proportion de quatre pieds environ. Cette pièce, d'un travail exquis, avait été exécutée en 1630 par Pijard, orfèvre, garde des reliques de la Sainte-Chapelle; elle avait coûté plus de treize mille livres

Les reliques données à saint Louis par l'empereur Baudouin étaient enfermées dans une arche de bronze doré : les fidèles y adoraient les instruments de la Passion, la Couronne d'épines, le Roseau, un morceau considérable de la vraie Croix et un fragment de pierre du Saint Sépulcre.

Le Trésor de la Sainte-Chapelle consistait en deux grandes armoires placées dans la sacristie et qui contenaient une quantité considérable d'objets précieux. La révolution les a fait disparaître : nous croyons donc devoir désigner les plus remarquables. On y trouvait le chef de saint Louis en or, de grandeur naturelle, soutenu par des lions en argent et surmonté d'une couronne d'or, le tout enrichi de pierres précieuses : cette pièce avait coûté plus de cinquante mille livres tournois, environ cent soixante mille francs (1), valeur actuelle; un reliquaire d'argent doré, orné de pierres de couleurs, représentant le chef de saint Blaise; une châsse d'argent doré, autour de laquelle était retracée la vie de saint Clément; une tête de la Vierge en argent doré; l'étui en argent doré dans lequel le morceau de la vraie Croix avait été apporté en France; un nombre considérable de reliquaires, de custodes, de figures, bustes, statues de toutes

(1) La valeur de l'argent à diverses époques a dû causer également des différences dans les estimations.

grandeurs, en or, en vermeil et en argent, contenant des reliques ou représentant des saints ou des apôtres; une grande croix en or, désignée sous le nom de Croix de Bourbon; la croix de Venise en filigrane; plusieurs missels, évangiles et manuscrits sur vélin, enrichis de pierres précieuses, de tableaux, de vignettes, et fermés par des plaques d'or ou d'argent; des vases en or et en argent pour la célébration des saints mystères; de magnifiques ornements d'église et une collection de pierres gravées, parmi lesquelles on distinguait un camée en agate-onyx, de forme ovale, ayant à peu près douze pouces de longueur sur dix pouces de largeur. On crut pendant long-temps que cette agate, qui avait appartenu aux empereurs d'Orient, représentait le triomphe de Joseph, ministre de Pharaon. Charles V, par cette raison, en fit cadeau à la Sainte-Chapelle, et depuis cette époque ce camée fut rangé au nombre des reliques déposées dans le trésor. Mais sous le règne de Louis XIII, Peiresc, conseiller au parlement de Provence, prouva que cette agate, qui est aujourd'hui déposée à la Bibliothèque royale, représentait le triomphe de Titus. Peiresc, Gassendi, St-Amand, le P. Montfaucon et Mariette, ont donné la description de ce camée, dont il est d'autant plus difficile de fixer la valeur que l'on ne connaît en Europe aucun morceau qu'on puisse lui comparer.

Les événements de la révolution ont dérobé la Sainte-Chapelle à sa destination primitive : aujourd'hui la vénération des fidèles y cherche en vain ces reliques sacrées, objets de l'adoration de nos pères, les cérémonies de notre sainte religion n'y sont plus célébrées; mais au moins cet édifice, qui est dans un état parfait de conservation, peut encore attester la piété de Louis IX et le génie de Pierre de Montreau. Aucun ordre de construction n'est aussi imposant que celui désigné sous le nom d'architecture sarrasine : consacré presque généralement, depuis le onzième jusqu'au dix-huitième siecle, à la vraie religion, il a emprunté d'elle un caractère particulier de grandeur et d'élévation : on calcule, on admire les belles proportions d'un temple païen, mais dans une église catholique le chrétien se recueille et prie........ On peut même dire que la Sainte-Chapelle n'a dérogé qu'à moitié à son institution, puisque François Ier, par son ordonnance du 5 février 1527, reconnaît que la Sainte-Chapelle a été non-seulement établie pour la garde des saintes reliques, mais aussi *pour conserver le Trésor des Chartes, des Registres du Parlement et Chambre des Comptes.*

ARCHIVES JUDICIAIRES.

Ce dépôt, de l'aveu des savants français et étrangers, est le plus considérable de tous ceux de ce genre rassemblés en Europe. Les Anglais eux-mêmes conviennent qu'il doit être placé au-dessus des dépôts de la Tour de Londres et de l'abbaye de Westminster : je les ai visités, et j'ai le droit de partager cette opinion.

L'ordre qui règne dans les Archives Judiciaires, la classification raisonnée qui a présidé à l'arrangement des matériaux si nombreux qui les composent, sont dignes d'admiration : on ne peut se former une idée de leur immensité qu'après les avoir soigneusement parcourues; pour apprécier dignement toute leur utilité, il faut examiner les titres précieux qu'elles renferment. Le dépôt des Archives, qui remplit à peu près toute la partie supérieure du Palais de Justice, ainsi que la Sainte-Chapelle haute, occupe dix galeries; trois d'entre elles ont chacune deux cent seize pieds de développement, et la moins étendue, plus de soixante. Les Archives qui y sont contenues, sont celles de toutes les cours et juridictions qui existaient à Paris en 1789; on y trouve plus de vingt-quatre mille registres manuscrits, environ trois mille cartons, et quarante mille liasses de minutes. Les principales cours et juridictions étaient

Le Parlement de Paris;

Le Grand Conseil;

Le Conseil Privé;

La Cour des Aides;

La Cour des Monnaies;

La Prevôté de l'Hôtel;

La Connétablie;

L'Amirauté;

Les Eaux et Forêts;

Le Bailliage du Palais;

Les Secrétaires du Roi;

Le Chatelet de Paris.

Dans le Parlement étaient comprises les requêtes de l'Hôtel et les requêtes du Palais. L'Amirauté, la Connétablie et les Eaux et Forêts formaient ce que l'on appelait les trois tables de marbre, ou plutôt la table de marbre du Palais à Paris. Les minutes de la Cour des Aides ont été malheureusement en grande partie la proie des flammes, lors de l'incendie du Palais de Justice, arrivé dans la nuit du 10 au 11 janvier 1776; les requêtes du Palais en ont également beaucoup souffert. *Le Trésor des Chartes,* de la garde duquel le procureur général du Parlement de Paris avait été chargé depuis l'année 1582, est maintenant déposé aux Archives du royaume, à l'hôtel Soubise.

La collection la plus importante et la plus considérable est celle des registres du Parlement de Paris, montant à plus de dix mille, tous manuscrits et sur parchemin; ils commencent en l'année 1254, sous le règne de saint Louis, par les quatre registres intitulés *Olim.* Les arrêtés et actes contenus dans ces quatre registres, ainsi que dans ceux qui suivent et qui vont jusqu'au seizième siècle, sont mêlés de latin et de français; en effet, les arrêtés ont été rédigés en latin jusqu'en 1539, sous le règne de François Ier, et les ordonnances avaient toutes été publiées en français, dès l'année 1345, sous le règne de Philippe VI.

J'ai ensuite remarqué aux Archives la collection manuscrite des ordonnances des Rois de France, enregistrées au Parlement, depuis 1337, vers le milieu du règne de Philippe VI, jusques et compris l'année 1789.

Un des plus beaux droits du Parlement de Paris était l'enregistrement des édits et ordonnances des souverains : voici comment ce droit s'était établi. Un conseiller au Parlement, nommé Jean de Montluc et qui vivait sous Philippe-le-Bel vers 1290, avait fait pour son usage un registre des anciens édits, des principaux jugements, et des choses mémorables dont il avait eu connaissance. On en tira quelques copies. Ce recueil parut d'une grande utilité, surtout dans ces temps où l'on n'avait pas encore eu le soin d'écrire les coutumes de France.

Les chartriers n'étaient pas convenablement garnis, et l'on sentait la nécessité d'un dépôt d'archives qu'on pût consulter au besoin. C'est ainsi que la Cour prit insensiblement l'usage de déposer au greffe du Parlement ses édits et ses ordonnances, et peu à peu cet usage devint une formalité indispensable.

Meyer, dans son excellent ouvrage qui a pour titre : *Esprit, Origine et Progrès des Institutions judiciaires des principaux pays de l'Europe*, ne partage pas cette opinion ; il donne à ce droit une autre origine ; il croit qu'il ne devait pas appartenir exclusivement au Parlement de Paris, qui cependant avait, par sa position, plus de facilités que tout autre pour l'exercer.

J'ai également trouvé aux Archives Judiciaires une réunion de lettres originales des Rois de France, adressées au Parlement : la première, datée de 1376, est signée de Charles V ; une ligne entière est écrite de la main de ce monarque.

Les coutumes originales de France, mais seulement en partie.

Les registres dits *du Conseil secret du Parlement*, si curieux à consulter : ils contiennent les procès-verbaux des assemblées des chambres réunies, celles où siégeaient les princes et les pairs de France ; les remontrances des Parlements ; les lits de justice tenus par les Rois ; les réceptions des ducs et pairs et des magistrats ; les arrêtés d'enregistrement des ordonnances ; les lettres patentes, édits, déclarations : *le Conseil secret* en fut séparé dès l'année 1636 : c'est dans ces registres, qui offrent un intérêt particulier, qu'il faut rechercher tout ce qui concerne la partie historique, politique et publique de la France.

Les arrêtés remarquables en matière criminelle : les registres criminels commencent en 1312, vers la fin du règne de Philippe-le-Bel.

Les procès faits aux grands du royaume : il faut cependant remarquer que ces derniers ne font pas partie du greffe du Parlement, ce sont de simples copies : presque tous les personnages dont les procès sont rapportés dans ces registres, ont été en effet jugés par des commissions.

Enfin la riche et nombreuse collection de vingt-sept mille rouleaux en parchemin qui commence en l'an 1300, sous le règne de Philippe-le-Bel : ils contiennent les accordés d'homologués en Parlement, et sont rangés par date de jour, de mois et d'année. J'ai aussi remarqué dans cet établissement, des registres du Châtelet très-anciens ; les premiers n'ont d'autre désignation que celle de la couleur de leur couverture : le livre rouge, le livre vert, le livre noir; ainsi que d'autres registres appelés *Banières*. Les Archives du Palais de Justice forment la section judiciaire des Archives générales du royaume.

L'étonnement que l'on éprouve en visitant avec attention cet admirable dépôt, redouble encore quand on apprend que c'est à un seul homme que l'on est redevable de la conservation et de la classification raisonnée de matériaux aussi précieux. Lorsque les anciens Parlements, les Cours souveraines et tous les tribunaux qui en dépendaient eurent été abolis par suite du décret du 6 septembre 1790, les registres, cartons et dossiers de ces Cours furent entassés sans ordre dans les bâtiments de la Sainte-Chapelle, et confiés à la garde particulière de M. Térasse, attaché déjà depuis long-temps au Parlement de Paris en qualité de commis-greffier. Pendant les années les plus orageuses de notre révolution, il dut défendre, non sans de grands dangers personnels, le dépôt qui lui avait été confié, contre les entreprises d'hommes dont la rage aveugle poursuivait les souvenirs de la monarchie jusque sur des titres qui intéressaient également la chose publique, les personnes et les propriétés. Le classement des Archives Judiciaires, dont la dispersion ou seulement la mutilation auraient dû être considérées comme une calamité publique, est dû à M. Térasse, qui obtint le prix de son dévouement et de ses travaux; en 1821 il reçut la croix de la légion-d'honneur, des mains du Roi. Le digne fils de M. Térasse, formé à ses leçons, lui a succédé dans les utiles fonctions de garde des Archives Judiciaires. Une des plus belles prérogatives de l'historien est de rendre justice au mérite modeste; mais combien ce devoir, que je remplis en ce moment, devient plus noble et plus facile, lorsque l'éloge désintéressé s'adresse à celui dont on n'a rien à attendre.

Je viens d'énumérer les Cours dont les cartons, registres et parchemins sont déposés aux Archives Judiciaires, je vais maintenant faire connaître quelles étaient les attributions de chacune de ces juridictions; et ces renseignements, peu connus maintenant, offriront d'autant plus d'intérêt, qu'ils formeront une sorte de statistique de l'ancienne magistrature, statistique rendue plus curieuse encore par la comparaison que chacun pourra établir avec la nouvelle organisation judiciaire, qui présente des différences sensibles avec l'ancienne organisation.

Le Parlement de Paris. — Il fut appelé successivement Cour du Roi, Cour de Prince, Cour des Pairs; il avait une étendue de ressort beaucoup plus considérable que les autres Parlements du royaume. Sur la porte de la chambre de la Tournelle criminelle, qui connaissait par appel et en dernier ressort des procès du grand et du petit criminel, on lisait ce distique d'Horace en vers saphiques :

Rarò antecedentem scelestum
Deseruit pœna pede claudo.

Les conseillers au Parlement, qui se trouvaient de service à la Chambre criminelle et à la Chambre des vacations, tenaient séance au Châtelet cinq fois par an ; ils statuaient sur les demandes des prisonniers pour dettes et sur celles relatives en demandes de nullité d'emprisonnement.

Le Grand Conseil. — Il était chargé, à l'exclusion du Parlement, de la connaissance de tous les procès concernant les archevêchés, les évêchés, les abbayes. La justice y était rendue gratuitement. Le chancelier de France en était président-né. Ce Conseil tenait ses séances au Louvre. Je n'oublierai pas de faire mention d'une coutume fort singulière. Chaque année, le mardi-gras, le premier huissier du Grand Conseil, à la fin de l'audience, tirait de sa poche un cornet et trois dés qu'il présentait au premier président, lequel jouait pendant quelques instants au passe-dix avec les juges et les gens du Roi; il se retirait bientôt; les conseillers passaient ensuite le cornet et les dés aux officiers ministériels, qui continuaient le jeu avec le public, quelquefois pendant une heure ou deux.

Le Conseil Privé, ou Conseil des Parties. — Il prononçait sur les demandes en cassation formées contre des jugements ou arrêts rendus en dernier ressort par des Cours ou tribunaux souverains. Ce Conseil, qui connaissait aussi des évocations, s'assemblait dans la salle du Conseil du Roi; il était présidé par le chancelier ou le garde-des-sceaux; et quoique S. M. n'y assistât pas, son fauteuil y était cependant placé et restait vacant.

La Cour des Aides. — Cette juridiction souveraine avait été établie pour connaître des contestations qui s'élevaient relativement au paiement des aides et secours accordés au Roi par les États du royaume, et autres deniers royaux, à l'exception du domaine. Elle jugeait en dernier ressort les appels des sentences rendues par les juges des élections. On retrouve dans les Archives de la Cour des Aides quelques états des maisons des Rois et Reines de France et des princes et princesses du sang; plusieurs d'entre eux remontent jusqu'au règne de François Ier : ils étaient déposés à la Cour des Aides, dans le dessein d'assurer aux personnes qui y étaient dénommées les priviléges accordés aux commensaux de la maison du Roi. Les minutes de la Cour des Aides ont été malheureusement en grande partie la proie des flammes, lors de l'incendie du Palais de Justice arrivé dans la nuit du 10 au 11 janvier 1776.

La Cour des Monnaies. — Elle jugeait souverainement du fait des monnaies dans tout le royaume; elle avait juridiction non-seulement sur les officiers et ouvriers des hôtels des monnaies de France, mais encore sur les changeurs, raffineurs, orfèvres, et généralement sur tous marchands vendant or ou argent ouvrés, et sur tous artisans travaillant en monnaies, médailles ou métaux.

La Prevôté de l'Hôtel. — Le grand prevôt connaissait, soit par lui, soit par ses lieutenants, de toutes les causes tant civiles que criminelles des officiers de la maison du Roi et des marchands privilégiés qui suivaient la cour. Il instruisait aussi pour tous les crimes et délits qui se commettaient à la suite de la cour et dans la maison royale. Les appels de cette juridiction se portaient au Grand Conseil.

La Connétablie et la Maréchaussée de France. — Cette juridiction était exercée par le connétable et les maréchaux de France sur les gens de guerre; elle instruisait sur tout ce qui avait rapport à la guerre, directement ou indirectement, tant en matière civile que criminelle. Le doyen des maréchaux de France présidait la Connétablie; les appels se portaient au Parlement.

L'Amirauté. — L'Amirauté de France connaissait de toutes les actions relatives au commerce maritime, à l'exécution des actes de société qui se formaient en conséquence, des armements et des affaires des compagnies d'assurance et autres, pour l'augmentation dudit commerce. Les officiers de l'amirauté étaient à la nomination du grand-amiral; les appels se portaient au Parlement.

Les Eaux-et-Forêts. — On y statuait sur les appels des sentences rendues par les maîtres particuliers de toute la maîtrise des Eaux-et-Forêts du ressort du Parlement de Paris. Cette juridiction était composée de juges de première instance, ou à l'ordinaire, et de juges en dernier ressort, ou au souverain.

La Connétablie, l'Amirauté et les Eaux-et-Forêts formaient les trois tables de marbre du Palais à Paris. On qualifiait ainsi ces trois juridictions, parce que, dans l'origine, les juges qui y étaient attachés siégeaient autour de cette grande table de marbre dont j'ai déjà parlé, et qui était placée dans la grande salle du Palais; quoiqu'elle eût été brisée lors de l'incendie de 1618, on continua cependant de désigner sous ce nom les trois juridictions de la Connétablie, de l'Amirauté et des Eaux-et-Forêts.

Le Bailliage du Palais. — Cette juridiction remonte aux temps mêmes de la fondation du Palais; elle comprenait aussi l'enclos qui l'entourait. Les fonctions de bailli-concierge du Palais remontaient aux rois de la première race. Le bailli, et en son absence le lieutenant-général et le procureur du roi audit bailliage, exerçaient la police dans le Palais et dans son enclos.

Les Secrétaires du Roi. — Ce corps compte de longues années d'existence; les historiens ne sont pas d'accord sur l'époque fixe de sa fondation : je crois qu'elle date du quatorzième siècle. Dans l'origine, on désignait ses membres sous le nom de clercs et notaires du roi : ils furent ensuite nommés *clercs du secré auprès de la personne du roi*, et enfin *secrétaires du roi*.

La charge de Secrétaire du Roi donnait la noblesse à celui qui la possédait et à sa postérité Les fonctions consistaient principalement à expédier les lettres de grande et de petite chancellerie. Le Roi était chef de la compagnie, c'est par cette raison que, dans le partage des émoluments du sceau, la première bourse était réservée à Sa Majesté. Il existait aussi des Secrétaires du Roi auprès des Cours souveraines; ceux de service auprès du Parlement de Paris avaient le droit de porter la robe rouge, d'assister aux assemblées de chambre du Parlement et à de signer les expéditions en grosse des arrêtés en l'absence du greffier en chef.

Le Bailliage de l'Arsenal. — Il avait droit de juridiction dans tout l'enclos de l'Arsenal. Les sentences rendues dans cette juridiction s'intitulaient du nom du grand-maître capitaine-général de l'artillerie de France. M. De Loizerolles a exercé le dernier les fonctions de lieutenant-général du bailliage de l'Arsenal.

Le Chatelet de Paris. — Cette juridiction est la plus ancienne de celles établies à Paris; elle fut d'abord désignée sous le nom de Châtelet, mais en 1674, Louis XIV lui ayant adjoint de nouveaux juges, elle fut appelée l'ancien et le nouveau Châtelet. Cette cour tenait ses séances au grand Châtelet, élevé, dit-on, par Julien, et rebâti par Charles V. Les sentences du Châtelet revêtues du sceau étaient exécutoires par toute la France. Le sceau du Châtelet était attributif de juridiction; aussi celui qui avait souscrit une obligation et s'était engagé par un contrat passé devant les notaires au Châtelet, pouvait être assigné, pour l'exécution de ce même contrat, au Châtelet de Paris, en quelque lieu du royaume que le débiteur fût domicilié. La charge de prevôt de Paris était des plus honorables. Je terminerai ce tableau de l'ancienne magistrature française, par des réflexions qui trouvent naturellement ici leur place, en raison du rapport immédiat qui existe entre la justice et les princes au nom desquels elle a été rendue depuis si long-temps en France.

Aucune famille, parmi celles qui sont assises sur les trônes de l'Europe, ne compte une aussi longue suite de princes que la famille des Bourbons. Depuis neuf siècles ils règnent sur la France, et cette stabilité a exercé une heureuse influence sur le bonheur des peuples, en facilitant l'amélioration des institutions, amélioration qui a constamment suivi les progrès de la civilisation. Pour être convaincu de cette vérité, il ne faut que comparer, à des époques reculées, l'état intérieur en France avec celui des peuples qui l'environnent. Depuis long-temps il y avait en France des Parlements, des Conseils féodaux ou des Communes, des États-Généraux, des Assemblées de Notables, d'hommes libres et indépendants, alors que le reste de l'Europe ne présentait que des seigneurs suzerains et des vassaux. La position insulaire de l'Angleterre, en la mettant à l'abri de toute influence étrangère, plaça de bonne heure ce pays dans une heureuse exception. Dès le commencement du douzième siècle, Louis-le-Gros avait accordé à un grand nombre de communes des chartes ou lettres par lesquelles elles étaient affranchies, et les hommes qui les habitaient jouissaient d'une liberté dont on n'avait plus que le souvenir depuis l'abolissement du régime municipal. St. Louis multiplia ces affranchissements; Philippe-le-Bel compléta l'œuvre, en admettant les communes aux assemblées d'État ou États-Généraux.

L'affranchissement des communes avait pour effet de les soustraire au pouvoir des vassaux de la couronne: elles ne relevaient plus alors que du seigneur suzerain dont elles tenaient leur liberté en cette qualité. Elles étaient obligées envers lui au service militaire et aux contributions, de même que les vassaux de la couronne, à qui elles étaient assimilées, puisqu'elles possédaient comme eux des fiefs ou alleux, et qu'enfin elles avaient collectivement des droits que ces vassaux ou arrière-vassaux exerçaient individuellement. Cet affranchissement des communes ne pouvait inspirer d'ombrage au pouvoir royal, puisque la couronne conservait son influence sur toutes les branches de l'administration, et que les autorités municipales s'occupaient également de la police intérieure et de l'emploi des deniers communaux.

Cette digression, je le répète, ressortit essentiellement à mon sujet, puisqu'elle fait voir comment les communes furent admises dans les États-Généraux et dans les Parlements. Je voulais d'ailleurs donner une nouvelle preuve à l'appui de cette vérité généralement admise par tous les bons esprits : c'est au pouvoir royal que le peuple en France fut toujours redevable de la véritable liberté.

L'ordonnance de Philippe-le-Bel, qui rendit le parlement sédentaire, doit être considérée comme le premier pas vers une meilleure distribution de la justice. Il y a eu des parlements en France, en Angleterre, en Hollande : les noms de *Parlamentum, Parliamentum, Parliament, Parlement*, furent donnés dans l'origine à toute espèce d'assemblées où l'on se réunissait pour traiter d'objets d'un intérêt général, soit ecclésiastiques, soit civils. Peu à peu ce nom ne fut plus donné qu'aux assemblées des vassaux convoqués, des hauts barons, puis exclusivement au corps chargé de l'administration de la justice, lorsque Philippe-le-Bel conçut la grande pensée de séparer l'autorité législative de l'autorité judiciaire. L'édit de ce Roi, à la date de 1302, institua donc les parlements de Paris, de Rouen et de Toulouse. Le prince avait d'abord ordonné la résidence du parlement de Paris, mais non sa permanence; car ce corps ne tenait que deux sessions dans l'année. Les grands vassaux, qui dans l'origine faisaient tous partie du parlement et le composaient presque en totalité, étaient souvent détournés d'y siéger soit par l'exercice de leurs charges auprès de la personne du Roi, soit par l'obligation de porter les armes, soit enfin par la répugnance que les plus puissants d'entre eux éprouvaient à fixer leur résidence dans une ville habitée par le prince, et où ils se trouvaient éclipsés, tandis que, dans leurs fiefs, dans leurs châteaux, ils étaient entourés des marques de la puissance suprême. Ils s'éloignèrent donc peu à peu des parlements, où ils furent remplacés par des conseillers du Roi, clercs, laïcs, et par des maîtres qui ne cumulaient pas. Ces derniers fondèrent insensiblement la noblesse de robe, si connue, si estimée. Et quels droits, en effet, n'avait-elle pas à ces respects ? Chargée de la distribution de la justice, voyons par quels travaux, par quels sacrifices elle avait obtenu cette considération si bien méritée.

Pour réussir dans la carrière militaire, un jeune homme de famille n'avait le plus souvent besoin que de se livrer aux travaux, ou plutôt aux récréations de l'académie ; il la quittait pour entrer dans un régiment, où les prérogatives de la naissance, la faveur, ou telle circonstance fortuite suffisait pour décider son avancement et pour le porter à un poste élevé. Examinons, au contraire, quelles étaient les obligations de celui que sa vocation appelait au parlement. A peine adolescent, il devait se livrer à des études pénibles, et suivies avec constance pour parvenir au but qu'il se proposait. Dans l'âge même où l'exemple autorisait quelque dissipation, il fallait s'habituer à une existence grave et constamment occupée. Les conseillers et présidents devaient se trouver au Palais à sept heures du matin, et à cinq heures le mardi et le vendredi de chaque semaine, même en hiver; ils s'habillaient dans un petit cabinet, sans feu, et se réunissaient ensuite pour entrer en chambres. La finance de la charge de premier président au parlement de Paris était de cinq cent mille livres; celle d'un président à mortier, de deux cent mille livres; de trois cent mille livres pour le procureur-général; et pour un conseiller elle était de soixante à quatre-vingt mille livres. Cependant le premier président n'avait droit annuellement qu'à dix mille livres, un président à mortier ne touchait que cinq mille livres, et un conseiller quatre cents livres seulement; les rapporteurs seuls étaient plus convenablement rétribués, parce qu'ils étaient extraordinairement occupés.

Aucune carrière n'offrait donc aussi peu d'avantages pécuniaires; car ces faibles émoluments étaient bien loin de représenter l'intérêt le plus modique du prix de la charge. Mais l'argent n'était pas alors le seul mobile des hommes. Les honorables magistrats du parlement de Paris l'ont bien prouvé par leur désintéressement. La considération générale les dédommageait, il est vrai, de tous ces sacrifices personnels et pécuniaires. Depuis le premier président jusqu'au conseiller nouvellement reçu, ils étaient également et à toute heure accessibles à tous ; ils écoutaient les plaintes, et prêtaient leur appui tout-puissant à la veuve et à l'orphelin : aussi leur réputation était si bien méritée, si bien établie, qu'ils recueillaient les bénédictions du peuple en même temps qu'ils s'attiraient la considération des grands. Cet hommage rendu au corps illustre de l'ancien parlement de Paris ne saurait donner lieu à aucune comparaison désavantageuse, puisque la magistrature actuelle, digne émule de ses nobles devanciers, mérite les mêmes égards, la même reconnaissance.

Conciergerie.

Monument expiatoire érigé dans le cachot qui fut habité par la Reine Marie Antoinette.

PIÈCES JUSTIFICATIVES.

(a) Première Charte portant fondation de la Sainte-Chapelle, à Paris.

In nomine sanctæ et individuæ Trinitatis, amen. Ludovicus Dei gratiæ Francorum Rex. Notum facimus universis tam presentibus quam futuris presentem paginam inspecturis, quod nos pro salute animæ nostræ et pro remedio animarum inclytæ recordationis regis Ludovici genitoris nostri, clarissimæ dominæ et genitricis nostræ Blanchæ reginæ, et omnium antecessorum nostrorum, in honorem Dei omnipotentis et sacrosanctæ coronæ spineæ Domini nostri Jesu-Christi, fundavimus et ædificavimus intra septa domus nostræ parisiensis, Domino concedente, capellam in qua eadem sacrosancta corona Domini, crux sancta et aliæquam plures pretiosæ reliquiæ repositæ continentur; quæ ut divinæ laudis obsequio jugiter honorentur: et idem locus in perpetuum debito et devoto divini cultus servitio frequentur, volumus, statuimus et ordinamus, ut in eadem capella sint quinque presbyteri principales sive magistri capellani, computato illo qui capellæ veteris beneficium obtinebat, et duo matricularii in diaconatus vel subdiaconatus ordine constituti ....

....

Jurabunt etiam prædicti principales capellani, et omnes eisdem pro tempore successuri, necnon et omnes subcapellani et clerici eorum et matricularii supprædicti, quod nobis et hæredibus nostris regibus sanctas reliquias universas et singulas, et totum thesaurum capellæ prædictæ, tam in auro quam in argento et lapidibus pretiosis ornamentis, libris etiam, et quibuscumque aliis rebus, bene et fideliter conservabunt....................

....

Quæ omnia ut perpetuæ stabilitatis robur obtineant, presentem paginam sigilli nostri auctoritate, et regii nominis charactere inferius annotato fecimus communiri. Actum Parisiis anno Incarnationis dominicæ, M. CC. XLV. mense Januarii, regni vero nostri anno XX. Astantibus in palatio nostro, quorum nomina supposita sunt et signa, dapifero nullo, S. Stephani buticularii, S. Johannis camerarii, constabulario nullo. Datum vacante cancellario.

(Ordinationes, consuetudines, sive statuta, quæ ab antiquo tempore in sacra regali capella debent observari.)

(b) Extrait des Antiquités chroniques et singularités de Paris; par Corrozet, 1561.

Baudouyn par la grâce de Dieu tres-fidele en Jésus-Christ, Empereur couronné de Dieu, Modérateur du pays romain et tousours auguste, à tous les chrestiens fidèles tant présens que auenir, ausquels ces présentes lettres viendront, salut en nostre Seigneur. Nous voulons qu'il soit notoire à tous, que de nostre bon vouloir et don gratuit, auons plainement donné et absolument baillé, et en tout auons quitté et quittons à nostre tres cher amy et parent Loys, Roi de France tres illustre, la tres saincte couronne d'espines de nostre Seigneur, et une grande portion de la tres sacrée croix de Jésus Christ, auecques autres précieuses et sacrées reliques, déclarées par leurs propres noms cy apres, lesquelles iadis estoient venerablement colloquées en la ville de Constantinople: et en fin ont esté engagées à diuers créanciers, et en diuers temps, pour la grande nécessité de l'Empire de Constantinople.

Iceluy seigneur Roi de nostre volonté et consentement les a rachetées, et selon nostre bon plaisir les a fait transporter à Paris. Lesquelles tant vénérables reliques sont cy exprimées par leurs propres noms, à sçauoir :

(Ici est placée l'énumération des reliques.)

En tesmoignage de quoy et perpétuelle fermeté nous auons signé ces présentes de nostre seing impérial, et l'auons scellé de nostre sceau d'or. Faict à Saint Germain en Laye, l'an de nostre Seigneur mil deux cent quarante-sept.

(c) In nomine sanctæ et individuæ Trinitatis, amen. Ludovicus Dei gratiæ Rex Francorum; ....

....

Vacantibus autem capellanis principalibus et matriculariis prædictis, nos et hæredes nostri reges conferemus easdem, et hoc jus nobis et hæredibus nostris regibus in perpetuum reservamus. Personæ autem quibus eas contulerimus, juramentum ejusdem formæ facere tenebuntur. Verumtamen ne ea quæ super prædictis a nobis ordinata præmisimus, inordinate procedant, cum inter prædictos capellanos, matricularios et clericos, si pares essent, et personam certam sibi præpositam non haberent, paritas ipsa et superioris defectus procedente tempore posset esse jurgiorum fomes, et materia scandalorum; volumus quod de prædictis capellanis aut matriculariis qui pro tempore fuerint, per nos et hæredes nostros reges assumatur unus, qui præsit aliis capellanis, matriculariis, subcapellanis et clericis universis capellæ prædictæ, et ipsi tenebuntur ejusdem parere mandatis. Ipse autem contradictores et rebelles per substractionem beneficiorum et alias convenienti poterit districtione punire..................

....

....

Rogamus tamen hæredes nostros, ut prædictas sacras reliquias, sive ornatum earum, vel aliquid de thesauro quod ibidem reposuimus in auro, argento, lapidibus pretiosis seu aliis rebus de capella prædicta non amoveant in futurum vel amoveri permittant. Actum apud Aquas Mortuas, anno incarnationis Domini M. CC. XLVIII, etc. etc.

(d) Philippus Dei gratiâ Franciæ et Navarræ Rex, universis præsentes litteras inspecturis, salutem in Domino sempiternam.....

Hâc itaque consideratione inducti, et ne (quod absit) servitium divinum ibidem ab olim institutum, ob defectum præficiendi inibi cantoris, tepescat; sed augeatur potius et accrescat, quoddam in capella ipsa officium novum, quod cantotoriam volumus appellari, instituimus ex certa scientia per præsentes, et cantoriam ipsam, ad cujus onus etiam redditus certos deputamus, dilecto nostro Aegidio de Condetto, ipsius capellæ canonico tanquam ad hoc idoneo duximus conferendam, intuitu pietatis, statuentes, quod ipse cantor et ipsius successores quod eaque statum et honestatem chori perspiciunt, etc. etc.

(e) Charles par la grâce de Dieu Roi de France, à tous ceux qui ces présentes lettres verront, salut. Avons reçue l'humble supplication de nos chers et bien amez les thésorier et chanoines de la Sainte-Chapelle en nostre palais à Paris, contenant que piéçà nostre très chier seigneur et père que Dieu absolve, considérant et bien adverti de la grande diminution qui étoit et est à l'occasion des guerres, de plusieurs rentes, revenus, héritages, possessions estant en la fondation et dotation de notre dite Sainte-Chapelle, tellement qu'elles ne suffisoient fournir aux nécessités d'icelle Sainte-Chapelle, ne pour les vie et estat des personnes ordonnées en icelle, donna auxdits thésorier et chanoines sa vie durant, tous et chacun les fruits, prouffits, revenus et émolumens quelsconques qui viendroient, istroient et escherroient des regales et droits d'icelles, etc. etc. etc...........

.... savoir faisons que nous, ces choses considérées, desirant de tout nostre cœur icelle Sainte-Chapelle, qui est notre principal oratoire royal en notre royaume, en laquelle repose et resplandit le très-précieux et très digne thrésor et très dignes enseignes de la Passion benoiste de notre Sauveur et Rédempteur Jésus-Christ, ausquelles avons très fervente et singulière dévotion, estre bien et duement entretenue, et garder et augmenter de plus en plus, et le service divin qui y a accoustumé d'estre faict de jour et de nuit, etc. etc. etc., avons donné et octroié, donnons et octroions de grace espéciale, par ces présentes, tous et chacuns les fruits, prouffficts, revenus et esmolumens quelsconques, venus et eschus depuis nostre advenement à la couronne, venans et issans, et qui viendront et escherront des regales et droits d'icelles qui nous appartiennent, et pourront competer et appartenir et escheoir en quelque manière que ce soit, de et en toutes et chacune les églises, tant métropolitaines que cathédrales de nostre royaume et seigneurie où lesdites regales ont lieu, etc. etc. la moitié à la continuation et entretenement dudit service divin en ladite Sainte-Chapelle, et l'autre moitié en ornemens et vestemens d'église, et linge pour ledit service, et à soustenir et entretenir les voiries de ladite Sainte-Chapelle et autres réparations d'icelle. Si donnons en mandement par ces mesmes présentes à nos amez et féaux gens de nos comptes et thésoriers qu'ils fassent, souffrent et laissent jouir et user pleinement de nostredict don et octroy sans leur y faire, mettre, ne souffrir estre fait, mis ou donné aucun destourbier ou empeschement... En tesmoing de ce, nous avons faict mettre nostre scel à cesdites présentes.

Donné à N. D. de Cléry le IV jour de décembre, l'an de grâce M. CCCC. LXXXIII, et de nostre regne le premier : *signé* CHARLES..... Tiré du registre de la chambre des Comptes cotté S. à la bibliothèque Coislin, vol. 7. Le même don a esté faict à la Sainte-Chapelle par Louis XII en 1498.

(*f*) SUR la présentation faite à la chambre de céans des lettres patentes du roy, données à Saint Germain en Laye le deuxième jour de mars de l'an M. D. XXVJ, dont la teneur ensuit : François par la grâce de Dieu, Roi de France, à nos amez et féaux gens de nos comptes à Paris, salut et délection. Comme nostre palais royal situé et assis à Paris soit fait et construit pour maison forte, fermant à porte, distinct et séparé des habitans de nostre ville, ordonné seulement pour la demeure des rois, leurs domestiques et familiers ; pour la sûreté duquel lieu guet soit establi toutes les nuits par dedans et par dehors pour la garde des saincts reliquaires de nostre Saincte Chapelle, *trésor de nos chartes* et des registres de nos Cours de parlement et chambres desdits Comptes et autres Cours et Jurisdictions qui se tiennent journellement audit palais, et ne soit loisible de construire aucunes maisons, ou loges ou pourpris dudit palais sans nostre vouloir..... Pourquoi nous, toutes choses considérées, vous mandons, commandons et expressément enjoignons que, incontinent et sans délay, vous faites abbattre et démolir toutes et chacunes lesdites maisons de la qualité dessus dicte, et que trouverez nuire à la décoration de nostre dit palais. Donné à Saint Germain en Laye le deuxième jour de mars M. D. XXVI, et de nostre règne le XIII. *Signé* par le Roy, ROBERTET.

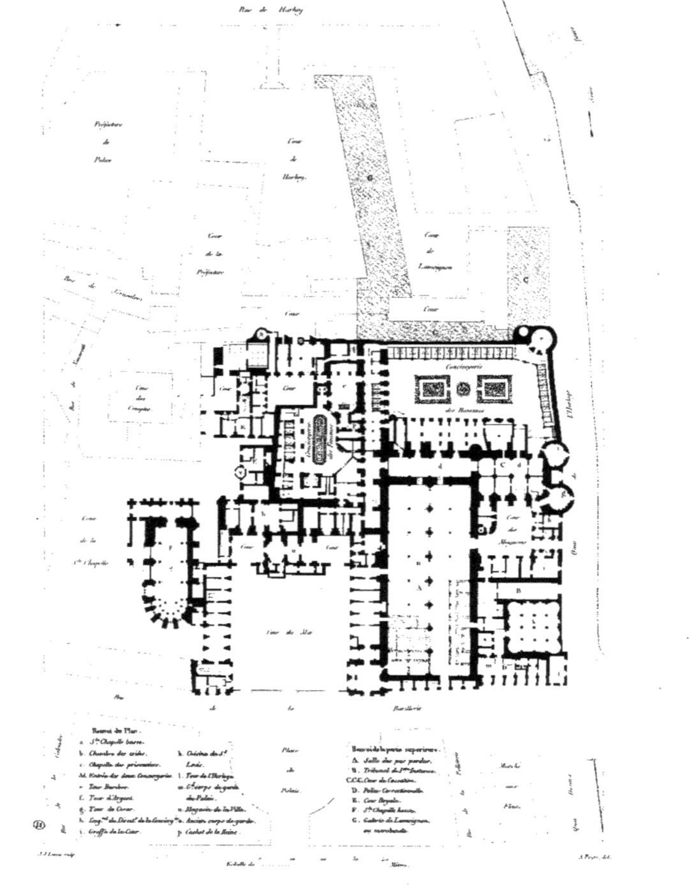

PLAN DU PALAIS DE JUSTICE.

Lith. de G. Engelmann

St.e Chapelle

Vue extérieure de l'oratoire de St. Louis.

Chez G. Engelmann, rue Louis le grand N° 27

Schmit del. Lith. de Engelmann

Palais de Justice.

Vue de la façade principale.

Schmit del.t — Lith. de G. Engelmann

Palais de Justice.

Le grand escalier latéral.

Schmit del.

Lith. de C. [illegible]

Palais de Justice.

Vue d'une des galeries des Archives judiciaires.

Schmit del.
Lith. de G. Engelmann.

Palais de Justice.

Ancienne grand salle incendiée en 1618.

Schmit del.t Lith. de Engelmann.

Palais de Justice.

Vue de la salle des Pas perdus.

Palais de Justice.

Vue des travaux de restauration exécutés en 18[illegible].

Sébart del. Lith. de Engelmann.

Palais de Justice.

Vue d'une partie de l'ancien vestibule servant aujourd'hui de dépôt pour les fêtes de la ville.

Benoist del.

Lith. de G. Engelmann

Palais de Justice.

Les cuisines de St Louis (?).

Schuyt del. Lith. de G. Engelmann

Palais de Justice.

Salle gothique au dessous de la Cour de Cassation.

Selmet del.

Lith. de G. Engelmann.

Palais de Justice.

La cour des anciennes cuisines de la Conciergerie.

Palais de Justice.

La salle des [illegible]

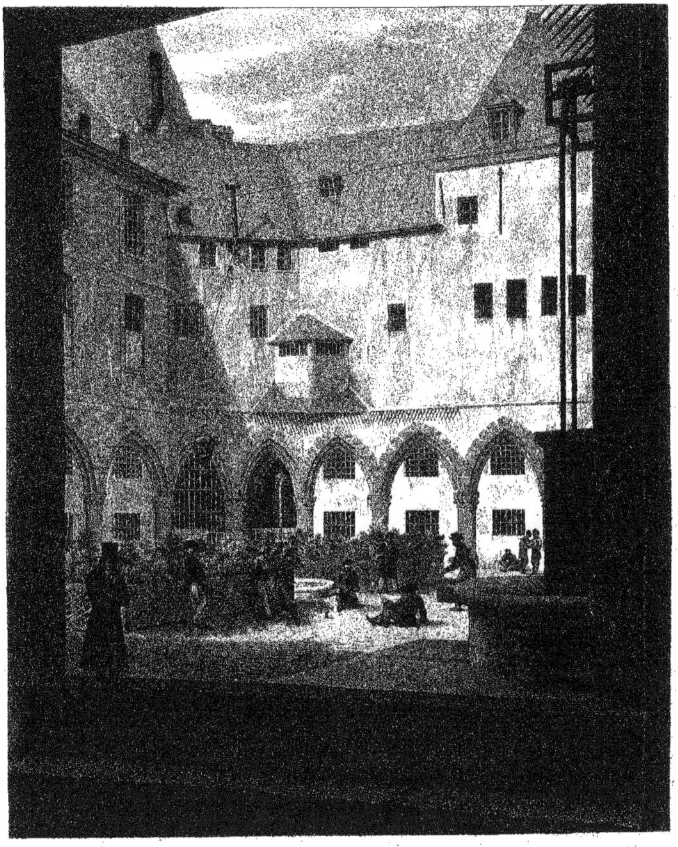

Schmit del.

Lith. de Engelmann

Conciergerie.

Vue de la Cour.

Schaal del.t

Lith. de G. Engelmann.

Palais de Justice.

Salle gothique au dessous de la Cour de Cassation.

Anciens Cachots détruits en 1817.

Schmit del.   Lith. de G. Engelmann

Sainte Chapelle.

(Vue du porche supérieur).

Schmit del.t — Lith. de G. Engelmann.

Palais de Justice
Ancienne Cour des Comptes.

Schmit delt. — Lith. de G. Engelmann

Palais de Justice.

Détails des fenêtres et du portail de l'ancienne cour des Comptes.

Schmit del.t | Lith. de Engelmann.

Palais de Justice.

Façade du côté de la cour des comptes.

www.ingramcontent.com/pod-product-compliance
Ingram Content Group UK Ltd.
Pitfield, Milton Keynes, MK11 3LW, UK
UKHW012048240726
13965UKWH00003B/1140

9 782013 043243